Wir spielen Kasperle-Theater

Werkbücher
für Kinder, Eltern und Erzieher

Heft 4

Herausgegeben von der
Internationalen Vereinigung der Waldorfkindergärten

Wir spielen Kasperle-Theater

Die Bedeutung des Kasperle-Spiels,
die Herstellung von Puppen und Bühne
und zehn kleine Szenen

Von A. Weissenberg-Seebohm,
C. Taudin-Chabot und C. Mees-Henny

VERLAG FREIES GEISTESLEBEN

CIP-Kurztitelaufnahme der Deutschen Bibliothek
Weissenberg-Seebohm, A.:
Wir spielen Kasperle-Theater: d. Bedeutung d. Kasperle-Spiels, d. Herstellung von
Puppen u. Bühne u. 10 kleine Szenen / von A. Weissenberg-Seebohm, C. Taudin-
Chabot u. Christja Mees-Henny. [Übers.: Arnica Esterl]. – Dt. Erstausg. – Stuttgart:
Verlag Freies Geistesleben, 1982.
  (Werkbücher für Kinder, Eltern und Erzieher; H. 4)
  Einheitssacht.: Jan Klaassen en de poppenkast ‹dt.›
  ISBN 3-7725-0444-2

Die holländische Originalausgabe erschien unter dem Titel «Jan Klaassen en de
poppenkast» bei Uitgeverij Christofoor, Rotterdam
Übersetzung: Arnica Esterl
Fotos: E. Kievit, C. J. de Vriese
Zeichnungen: C. Mees und E. Thomassen
Die abgebildeten Puppen wurden von Christja Mees-Henny gefertigt.
Einband: Walter Krafft, unter Verwendung eines Fotos von Eric Kievit
© 1982 Verlag Freies Geistesleben GmbH Stuttgart
Herstellung: Greiserdruck Rastatt

Inhalt

Kasperle und sein Theater   7
(A. Weissenberg-Seebohm und
C. Taudien-Chabot)

Begrüßung   7
Wer ist er eigentlich?   7
Wie sieht Kasperle aus?   8
Die anderen Puppenmenschen   11
Weitere Puppen   20
Für wen und warum Kasperle spielt   21
Was sonst noch zu bedenken ist   23
Die Bühne und das Bühnenbild   25
Die Requisiten   27
Singen   27
Kleine Geschichten für das Puppen-Theater   27
Weshalb ist Kasperle so wichtig?   32
Wer ist Kasperle eigentlich und was will er uns erzählen?   34

Zehn kurze Kasperle-Szenen   38
(A. Weissenberg-Seebohm)

Kasperle und die Schnecke   38
Kasperle im Wald   39
Kasperle und der Vogel   42
Kasperle und das Eichhörnchen   44
Kasperle und die Krähe   45
Kasperle und der kleine rote Stier   47
Kasperle angelt   49
Kasperle und der Teufel   51
Kasperle geht ins Bett   53
Kasperle und die Schlange   56

Wir basteln die Puppen und bauen eine Bühne   58
(Christja Mees-Henny)

Kasperle aus Papier   58
Kasperle als Stockpuppe   59
Kasperle als Handpuppe   60
Kasperle aus weichem Trikotstoff   61
Puppenköpfe aus Pappmaché   66
Puppenköpfe aus Plastika   71
Wie drückt man die verschiedenen Charaktere aus?   73
Wie bauen wir eine Puppenbühne?   83
Hintergrund und Kulissen   89

Kasperle und sein Theater

Begrüßung Tri tra trallala, tri tra trallala! Das Glöckchen läutet, das Spiel beginnt. Schau, Kasperle guckt über den Rand der Puppenbühne und lacht die Kinder an.
«Guten Tag, liebe Kinder. Seid ihr alle da?
Kennt ihr mich?
Ja, ich bin's. Kasperle!»
O ja, die Kinder kennen ihn! Aber kennen die Erwachsenen ihn auch? Gerade jene Erwachsenen, die ihn spielen möchten, sollten ihn doch noch viel besser kennen lernen. Einmal, um ihn selber als Puppe basteln zu können, zum anderen, um ihn richtig zu führen in seinen vielen Abenteuern, im Wechselspiel von Frage und Antwort mit den Kindern.
Deshalb wurde dieses Büchlein geschrieben. Es möchte erzählen über das Wesen des Kasper, über die Geschichten und Spiele und ihre Wirkung auf die Kinder. Über die anderen Figuren, über die Kulissen. Lauter Wissenswertes über unser Kasperle. Er ist es ja wert!
Jede Geburtstagsfeier mit kleinen Kindern wird auch für die Mütter zu einem Fest, wenn Kasperle auftritt und mit allen spricht, fröhlich oder manchmal auch traurig und so hinreißend ungezogen.

Wer ist er eigentlich? Er sagt es ja selber: «Ich bin der Kasperle. Ich bin nicht nur der Kinderfreund, sondern ich bin das Kind in euch. Ich besitze alle Untugenden, die ihr auch habt. Ich bin schrecklich neugierig und stecke überall meine große Nase hinein; ich habe gute Ohren, die genau das hören, was gar nicht für sie bestimmt ist; ich besitze lachende Augen, die aufleuchten, wenn mir eine neue Idee oder ein Spruch oder Schabernack in den Sinn kommt. Meine Großmutter behauptet, daß mein Mund von einem Ohr zum anderen reicht, und Gretel, meine Frau, sagt, wenn sie böse mit mir ist: ‹Halte deine große Klappe!› Meistens habe ich dann etwas Freches gesagt. Eigentlich ist Gretel recht gutmütig, aber sie wird auch mal sehr böse auf mich, dann geht sie auf mich los, dann verhaut sie mich mit der Bratpfanne. Wohin? Auf den Kopf natürlich. Tut nicht weh! Ich vertrage schon einiges. Das habe ich gelernt. Mein ganzes Leben ist ja ein Fallen und Aufstehen, ein Ausrutschen und wieder Aufrappeln. Immer, oder wenigstens meistens, schreite ich der Gefahr mutig entgegen; dann erschrecke ich ... und laufe mit klopfendem Herzen davon. Und dann warte ich ab, bis ich neuen Mut gefaßt habe. Woher? Manchmal schlicht aus mir selber, manchmal hilft mir jemand anderes. Zum Beispiel meine gute, alte Großmutter. Oder Petrus, der Heilige an der Himmelspforte. Oder Fiffi, mein treues Hündchen. Und so komme ich wieder aus der Patsche und habe großen Spaß am Leben. Denn Spaß muß sein: Das ist meine Devise!»

Wie sieht Kasperle aus?

«Nun, man kann mich ja leicht erkennen. Mein Gesicht habe ich schon beschrieben: eine große Nase, damit ich besser riechen kann, ein großer Mund, womit ich laut lachen kann, Augen, die gut sehen, und Ohren, die gut hören. Und meine Kleider? Ich trage schon seit Hunderten von Jahren das gleiche Kostüm und so sollte es bleiben, das verleiht etwas Stabilität in unseren unruhigen Zeiten. Ich finde meinen Anzug sehr schön und werde ihn deshalb genau beschreiben. Ich trage eine lange rote Zipfelmütze, daran hängt ein kleines

Abb. 1

Glöckchen oder eine Perle; eigentlich finde ich das Glöckchen schöner, es läutet ganz zart. Die Mütze kann ich nach allen Richtungen schwingen, je nach guter oder schlechter Laune; wenn ich will, kann ich mich sogar dahinter verstecken. Der weiße, gefältelte Kragen kann aus Papier sein, aber ich mag ihn lieber aus Spitze. Das ist vornehmer. Die blaue Weste mit den Schmuckknöpfen steht mir auch, sie sitzt so vornehm und stärkt mein Selbstbewußtsein. Das weiße Hemd macht mir viel Kummer, es ist so schwer, es sauber zu behalten in all den spannenden Abenteuern. Dann habe ich Hosen in verschiedenen Farben: eine bunte Arbeitshose für Haus und Garten, eine blaue Hose für daheim und eine schwarze Samthose zum Ausgehen. Es sind allerdings lauter Kniebundhosen, denn – jetzt kommt etwas ganz Wichtiges – ich habe Beine mit weißen Strümpfen und schwarzen Schuhen. Keine andere Puppe hat Beine mit Knien, Waden und Füßen. Nur ich. Deshalb setze ich mich auch so gerne auf die Spielleiste und lasse meine Beine lässig, aber deutlich sichtbar, baumeln. Hoppla! Mit einem Schwung sind die Beine dann aber auch wieder verschwunden, und dann bewege ich mich hinter der Spielleiste wie alle anderen Puppenmenschen.»

Einige Bemerkungen zu Kasperles Erscheinung sollten wir hier noch hinzufügen. Sein auffallendes, gleichbleibendes Kostüm deutet auf lange Tradition hin. An seinen Kleidern kann man ihn sofort wiedererkennen. Inmitten der Launen und Unruhen des Lebens braucht der Mensch einen Halt, am besten eine solche Lieblingsgestalt, der er mit Hingabe folgen und die er in sein Herz schließen kann. Du lachst über ihn, aber im Grunde lachst du über dich selbst, und das ist gesund. Kasperle ist keine Phantasiefigur, er ist echt und ein alter, treuer Freund der Kinderjahre, mit seiner verstaubten Zipfelmütze, dem Kragen, Hemd und Hose. «Ja, das ist Kasperle», bestätigen freudig die Kinder und öffnen ihre Seele dem kommenden Spiel.

Die anderen Puppenmenschen

«Das ist eine lange Geschichte. Sie sind nämlich alle sehr verschieden, aber sie haben alle etwas mit mir, Kasperle, zu tun.

Gretel Als erstes ist da natürlich Gretel, meine Frau, meine bessere Hälfte. Das ist sogar ein recht guter Ausdruck; denn sie ist meine andere Hälfte, ohne sie bin ich nicht vollständig. Aber ach, warum muß sie denn immer jammern und klagen . . . Sie jammert wegen nichts und wieder nichts: ‹Kasperle, warum ist dein Waschlappen noch trocken, nachdem du dich gewaschen hast, und warum wurde die Zahnbürste nicht benützt?› – ‹Du mußt pünktlich zum Essen kommen, und du darfst nicht aus dem Apfelkorb naschen . . . und auch nicht aus der Zuckerdose.› Uff! Sie nörgelt so viel, daß ich schon lange nicht mehr zuhöre. Ich kann aber auch nicht ohne sie sein, denn dann verliere ich den Faden und gerate ganz aus der Fassung. Sie sieht ganz hübsch aus, nur schade, daß sie ein gelbliches Gesicht hat, weil sie immer so verdrießlich ist. Sie kann aber auch endlos nörgeln – oder heißt das schwatzen? – wenn zum Beispiel etwas verlorengegangen ist. ‹Kasperle, wo ist denn die Tischdecke geblieben? Ich bin sicher, daß sie heute früh noch da lag!› Na ja, wenn ich sie schon weggenommen habe, dann wollte ich doch irgendeinen Spaß damit anstellen, und dann gebe ich es bestimmt nicht zu. Und wenn ich sie nicht weggenommen habe, dann hat sie sie selber in die Wäsche gesteckt. Sie wäscht immer und macht unentwegt sauber. Waschen, wischen, kehren, schrubben, wienern, ich mache es ihr nie recht. Aber ich finde die ganze Putzerei überflüssig. Sie kann allerdings auch herrliche Pfannkuchen backen. Mit Speck oder mit Sirup. Mmm . . . lecker! Gretel trägt fröhliche, bunte Kleider mit flotten Schürzchen und manchmal einem schönen Schultertuch. Sie ist recht eitel. Ihr schönstes Hütchen finde ich komisch: mit Federn und mit Blümchen drauf. Wenn sie das trägt, lache ich sie aus.»

Ach, seine Gretel ist nicht immer lieb und sanft, aber sie ist eine

Abb. 2

Abb. 3

notwendige Ergänzung, der Widerpart zu Kasperles Abenteuerlust. Sie sorgt für das richtige Gleichgewicht zwischen den Abenteuern, den lustigen Begebenheiten, den mutigen Taten und dem normalen, täglichen Leben.

Für den heranwachsenden Menschen sind diese sogenannten «guten Gewohnheiten» des täglichen Lebens notwendig, als da sind: aufstehen, waschen, anziehen, anständig essen, pünktlich sein, arbeiten und spielen und wieder zeitig ins Bett gehen. Für diesen festen Rhythmus sorgt Gretel, und Kasperle ärgert sich oft darüber, aber ... er kann dennoch nicht ohne sie sein, wie er selber sagt.

Großmutter Das einzige weitere Familienmitglied um Kasperle ist seine Großmutter. Denn Kasperle hat keine Mutter.

«Jeder weiß, daß ich eine ganz liebe Großmutter habe. Sie liebt mich wirklich, tröstet mich, verwöhnt mich. Ich kann immer zu ihr kommen, sie hat Zeit für mich und nimmt mich so, wie ich bin. Manchmal schüttelt sie ihr weises Haupt und murmelt: ‹Ach Kasperle, was hast du denn jetzt wieder angestellt›, aber alles wird immer wieder gut. Ihr kann ich alles erzählen, bei ihr ist es sicher. Sie backt oft eine herrliche Torte für mich mit Sahne oder mit Mandeln, einfach so, nur für mich. Ist das nicht eine liebe Großmutter?»

Großmutter muß auch äußerlich so aussehen, wie sie innerlich ist: eine liebe, alte Großmutter mit grauen oder weißen Haaren, mit Runzeln und Krähenfüßchen, weil sie immer freundlich lacht! Ihre Kleider sollten «altmodisch» sein, vor allem nicht nach der letzten Mode, ein altmodischer Stoff mit Blümchen oder Pünktchen, zarten Spitzen und einem Halstuch wegen der Kälte. Ein weißes, gefälteltes Mützchen steht ihr auch sehr gut. Sie ist das Urbild eines «sicheren Hafens», sie ist immer da, wenn sie gebraucht wird, sie verlangt nichts, sie beschützt und behütet vielmehr. Ein kraftspendender,

Abb. 4

Abb. 5

wohltuender Quell der Ruhe, den jedes Menschenkind so dringend braucht, sicher und vertraut.

«Da gibt es noch einige andere Getreue», fährt Kasperle fort, «die immer gerne mitspielen. Es sind der König und der Gendarm, Knochenhannes, der Tod, und der Teufel.

Der König Er ist eine würdevolle Persönlichkeit mit seinem roten Samtmantel und seiner goldenen Krone. Er hat große Sorgen mit seinem Reich und mit seinen Untertanen. Sein Schloß ist wundervoll geschmückt mit Gold und Brokat. Der wird mit Goldfäden bestickt. Der König belohnt jeden, der etwas Gutes oder etwas Mutiges, Tapferes geleistet hat. Und manchmal bin ich das.

Der Gendarm Der Gendarm trägt, wie sich das gehört, eine Schirmmütze, eine grüne oder blaue Jacke und einen Knüppel. Er sorgt für Ruhe und Sicherheit bei den Menschen und in der freien Natur, und deshalb achtet er auf Diebe, Wilderer und auch auf Lausbuben, die über Zäune klettern und Äpfel aus dem Obstgarten des Herrn Pastor stehlen. Und das ist nicht erlaubt, weil der Herr Pastor ein braver Seelenhirte ist, aber, nicht wahr, seien wir mal ehrlich: Äpfel pflücken in einem fremden Garten ist doch eine lustige und spannende Sache! Den Gendarm erkennt ihr an seinen kräftigen Schritten und an seiner lauten Stimme.

Knochenhannes, der Tod Knochenhannes, der Tod, ja, das ist etwas ganz anderes. Das ist wirklich zum Gruseln. Knochenhannes ist schrecklich mager. Er trägt einen schwarzen Mantel und einen schwarzen Hut, und er hat eine ganz trockene, tote Stimme. Er erscheint auch so unerwartet, manchmal mit der Sense, um zu zeigen, daß es ernst wird. Einmal, als ich zuerst furchtbar erschrocken war, gelang es mir, Knochenhannes in eine Kiste zu stecken. Mit einem Seufzer der Erleichterung setzte ich

Abb. 6

mich obendrauf. Nach einiger Zeit hatte ich ihn vergessen und stand auf. Du liebe Zeit! Da öffnete Knochenhannes den Deckel und kam mit seinem unheimlichen Gesicht und seinem dürren Arm zum Vorschein ... die Kinder haben geschrien: ‹Kasperle, Kasperle, er kommt heraus!› Ich erschrak so sehr, daß ich zuerst weglaufen wollte, aber dann überlegte ich es mir, schlug den Deckel wieder zu und setzte mich wieder obendrauf.
Wie es abgelaufen ist? Ja, wärst du nur dabeigewesen, dann hättest du es selber gesehen!

Der rote Teufel   Dann ist da noch der rote Teufel. Der neckt uns nicht, sondern er malträtiert uns ganz gemein, er spielt jedem einen bösen Streich. Er ist so verdammt schlau. Meine Großmutter sagt: ‹Laß dich nicht hereinlegen, Kasperle, sieh zu, daß du früh genug aufstehst!› Was meint sie damit? Ich bin zwar einige Male übel dran gewesen, aber einmal habe ich ihn auch erwischt. Das war meine Chance, und ich habe ihn verdroschen, daß es eine Lust war. Der Teufel hat so gekreischt, daß ich eine Gänsehaut bekam.
Wie sieht der Teufel aus? Knallrot natürlich und feurig und mit Hörnern auf seinem häßlichen Kopf; manchmal hat er Flügel und einen Pferdefuß, aber den sieht man nicht, und er hinkt. Er kann aber so einschmeichelnd reden mit seiner falschen Stimme.»

Diese vier Puppen stellen nach ihrem Charakter, ihrer äußerlichen Erscheinung und der Stimme vier ganz verschiedene Bereiche dar, mit denen Kasperle und, wie er, jeder Mensch konfrontiert wird.
Der König ist Sinnbild der höchsten Macht, dem man ehrfurchtsvoll gegenübertritt. Der Gendarm ist der Ordnungshüter, den die Menschen selber einsetzen. Knochenhannes kommt von «jenseits der Grenze» dieses Lebens und wird oft mißverstanden. Aber Kasperle weiß, daß er den richtigen Standpunkt suchen muß, um sich mit ihm

auseinanderzusetzen. Den roten Teufel, den Verführer, der die Menschen vernichten möchte, kann man nur erkennen und dann auch mit ihm fertigwerden, wenn man zeitig aufsteht und hellwach ist. Seit alten Zeiten sind diese vier Gestalten fest mit dem Puppentheater verbunden.

Weitere Puppen Natürlich gibt es noch viel mehr Puppen, die mitspielen können. Das hängt von dem Abenteuer ab, das Kasperle im betreffenden Stück bestehen muß. Jede Geschichte braucht ihre eigenen Personen oder Tiere oder Wesen. Manchmal sind die Wesen, mit denen Kasperle zu tun hat, nicht von dieser Welt, wie zum Beispiel der grüne Drachen. Der hat einen langen, grünen, gewundenen Leib (aus gestopftem, grünem Krepp-Papier), eine rote Zunge und feurige Augen (aus roter Wolle gestickt oder aus runden, roten Knöpfen). Nach einer spannenden Verfolgungsjagd tötet Kasperle den ganzen Drachen: zuerst den Kopf, dann den langen Leib und endlich den Schwanz, eins, zwei, drei – ganz tot. Er vergewissert sich genau: alles mausetot. Das Dorf wurde von der Gefahr erlöst. Der König ist sehr erleichtert und belohnt die Heldentat mit einem fürstlichen Geschenk. Kasperle lacht nachträglich selber darüber, daß es gerade ihm gelungen ist.

Außerdem ist da noch Kasperles Freund Seppel, der ein bißchen langsam und tolpatschig ist. Manchmal spielt neben dem König auch die Königin und die schöne Prinzessin mit, und auch ein Diener und ein Koch gehören zum Hofstaat. Der Räuber und die böse Hexe können dabei sein, der Zauberer mit seinem Zauberstab, der Wassergeist, Zwerg und Sandmännchen ... Und alle möglichen Tiere: das Eichhörnchen, die Schnecke, die Krähe, der kleine rote Stier und viele andere. Zwei Figuren wollen wir hier noch einzeln vorstellen:

Petrus Petrus, den Wächter der Himmelspforte, erkennt man deutlich an seinem Lockenbart und den lockigen Haaren mit dem Heiligenschein darüber. Als schlichter Fischer und Apostel trägt er eine braune Kutte und rasselt mit den Schlüsseln der Himmelspforte. Er ist sehr menschlich, aber manchmal auch jähzornig. Kasperle neckt ihn, aber Petrus denkt immer, daß es gut gemeint ist, und das ist es ja auch. Denn Kasperle mag ihn gern und bewundert ihn wegen seiner schweren Aufgabe: er muß bestimmen, ob jemand durch die Himmelspforte gehen darf oder nicht. Petrus muß also die Augen gut offenhalten.

Fiffi Fiffi spielt auch gerne mit. Er stiehlt dem Metzger ein Stück Fleisch und ist doch ein treuer Freund. Er tanzt durch die Geschichte, bellt, rennt und genießt es, auszugehen und Kaninchen zu jagen. Er kann durch eine normale Spielpuppe oder eine gezeichnete und aus Pappe geschnittene Figur auf einem Holzstab im Puppentheater dargestellt werden.

All diese Nebenfiguren spielen ihre Rolle und die Auswahl ist sehr groß, jede Geschichte kann dem Kasperle angepaßt werden. Wie das am besten geschieht, hängt vom Alter der Kinder ab.

Für wen und warum Kasperle spielt Für die kleinen Kinder! Es ist herrlich spannend, miteinander auf dem Boden zu sitzen, mit Geschwistern oder mit Freunden. Dann kommt der große Augenblick, da das Licht ausgeht und im Zimmer nur noch eine Lampe die Puppenbühne beleuchtet. Dann erklingt das Glöckchen. Kasperle erscheint: «Grüß Gott, liebe Kinder!» Und der Zauber des Puppenspiels hat alle eingefangen.

Worin steckt Kasperles unvergängliche Zauberkraft? Was ist sein Geheimnis? Um das zu erfahren, sollte jeder sich wieder einmal in eine Kasperle-Aufführung setzen, zuschauen mit kindlichem Gemüt. Kasperle ist so menschlich, genau wie jedes Menschenkind. Er macht fortwährend Fehler, er ist ungezogen, aber er gibt sich Mühe. Er fühlt sich sicher, wenn er in der Nähe seiner Großmutter ist, er fühlt sich verbunden mit seiner Gretel, auch wenn sie sich täglich über die kleinen Haushaltsdinge zanken. Er ist nie schlecht, nie sarkastisch. Er übertreibt freilich die kleinen menschlichen Untugenden. Darüber kann der Zuschauer dann herzlich lachen, und er lacht dann ... über sich selbst: Wie im Spiegel sieht er die vielen alltäglichen Begebenheiten, die ihm bekannt vorkommen und mit denen er sich identifizieren kann. Aber man sieht nicht den erhobenen Zeigefinger, es wirkt nicht rechthaberisch, sondern eben so, wie wenn man in den Spiegel schaut.

Der Kasperle-Spieler muß genau achtgeben, was er sagt und wie er spielt. Er spielt für Kinder, und denen entgeht nichts, jeder Fehler wird wahrgenommen. Alles, was Kasperle erlebt, wird sichtbar durch die Puppe, in jedem Satz, in jeder Gebärde. Und das Kind erlebt alles mit, jede Enttäuschung und Hoffnung, jeden Spaß oder Kummer, jede spannende oder geheimnisvolle Stimmung. Es kann sich jedoch einmischen in das Geschehen. Es kann mitreden, mitschreien, mitlachen. In Frage und Antwort entsteht eine Wechselbeziehung. Der Spieler muß selber sehr aufmerksam sein und während des Spieles seine Worte nach den Reaktionen richten. Er muß gut mit dem Publikum in Kontakt bleiben. Wieviel gesünder ist diese Art des Spielens als das passive Starren in die Bildröhre: Dort ist jeder Text, jede Handlung von vornherein festgelegt und kann nicht der jeweiligen Situation in der Familie angepaßt werden.
Die kleinen Bewegungen der Händchen und des Puppenkopfes wirken nie allzu realistisch oder zu brutal; aber gerade diese kleinen Bewegungen setzt das Kind innerlich fort, und es wird dadurch eben

beweglich. Diese Beweglichkeit wird auch in hohem Maße erreicht durch die häufige Spielform in Frage und Antwort.

Auch wecken die schlichten Kleider der Puppen und die einfachen Bühnenbilder in dem Kind den Wunsch, sie zu «ergänzen», und das bedeutet, daß die eigene Phantasie angeregt wird, um die schlichte Vorgabe auszugestalten, zu vervollkommnen.

Was sonst noch zu bedenken ist

Ein eigenes Kapitel behandelt das Basteln der Puppen. Mit etwas Geschicklichkeit ist es gut möglich, nach einfacher Anleitung Köpfe und Puppenkleider herzustellen. Nicht nur die Befriedigung, sie selber gearbeitet zu haben, spielt dabei eine Rolle, sondern auch der große Vorteil beim Spielen: Sie passen auf den eigenen Finger. Der Zeigefinger steckt in der Kopfhöhle, Daumen und Mittelfinger – oder der kleine Finger – kommen in die Händchen. Mit diesen drei Fingern kann man nun jede Bewegung ausführen: links und rechts, auf und ab, vor und zurück. Es sind die drei Richtungen, in denen wir den Raum, die drei Dimensionen, beherrschen. Wir dirigieren also wirklich die Kasperlefigur nach allen Richtungen, mit kleinen Fingerbewegungen können wir so große Wirkungen erreichen; weil das Licht auf die Puppe gerichtet ist, wird auch die kleinste Bewegung wahrgenommen.

Es ist wichtig, dieses «Spielen mit der Puppe auf drei Fingern» vorbereitend gut zu üben, damit das Spiel auch richtig ankommt. Am besten lernen wir es vor dem Spiegel, so daß wir die Wirkung jeder Fingerbewegung kontrollieren können. Auch wird jeder dann selber entdecken, wie jede Stimmung, jede Empfindung durch eine bestimmte Gebärde hervorgerufen wird.

Hier sind ein paar Beispiele, die man einzeln üben kann. Erschrecken: die Händchen vor die Augen schlagen, den Kopf ruckartig nach unten. Lachen: die Händchen froh und offen nach links und rechts, den Kopf leicht auf und ab schütteln. Geheimnis: den Kopf mit dem Profil zum Zuschauer halten und das eine Händchen davor. Kummer: den Kopf ganz wegdrehen oder tief hängen lassen. Spaß und Freude: die Händchen reiben. Schämen: die Puppe sich ganz abwenden oder verstecken lassen.

Wichtig ist, daß man diese Stimmungsgebärden in aller Ruhe ausführt. Es dauert seine Zeit: eine bestimmte Bewegung muß wiederholt werden, bis der Sinn verstanden wird, es braucht eine Weile, um das Bild über die Spielleiste hinweg auf die kleinen Zuschauer einwirken zu lassen. Auch darin besteht nämlich ein wesentlicher Unterschied zu Film und Fernsehen, wie schnell der Stoff aufgenommen wird. Er braucht nämlich Zeit, verdaut zu werden. Es reicht nicht, daß die Augen schnell aufnehmen, es muß sich tiefer senken können, noch einmal und noch einmal. Die dreimalige Wiederholung ist eine goldene Regel. Erst dann können alle Kinder, auch die langsameren, mit Zustimmung oder Abscheu reagieren. Und das wollen wir mit unserem Spiel bewirken, daß die Kinder aus ihrem Innern heraus reagieren auf die Situation, daß sie selber die Stimmungen erleben von Freude und Kummer, Dankbarkeit, Erschrecken, Scham, Mut.

Die Bewegungen der Finger sind deshalb so wichtig, weil das Puppengesicht selbst unbeweglich, unveränderlich ist. Kasperle lacht immer, es sei denn, er versteckt sein Gesicht. Die Bewegung der ganzen Puppe kommt aus dem Unterarm. Die Puppe tritt auf, an der Spielleiste entlang, ihrer Art und ihrem Charakter entsprechend entweder in normal ruhigem Gang oder fröhlich hüpfend, kummervoll schleichend. Die übersinnlichen Wesen allerdings (Engel, Teufel, Zwerge, Wassergeister) können aus jeder unerwarteten Richtung heranfliegen oder «auftauchen», je nach dem Element, wozu sie gehören – der Zwerg aus der Erde, der Engel aus dem Himmel.

Die Bühne und das Bühnenbild

Die Dreijährigen

Für ganz kleine Kinder, die Dreijährigen, können wir recht gut ohne den Rahmen einer Bühne zu spielen anfangen. Auch als *einzelne* Puppe, die man über die andere Hand oder über den anderen Arm hinweg spielen läßt, kann Kasperle schon viel erzählen. Auch wenn man selber spricht, so fällt dies für das Kind nicht ins Gewicht; Kasperle ist selbstverständlich der dritte im Bunde.
«Mama, bitte noch mal.»
«Frag nur Kasperle selber.»
«Kasperle, mach doch noch mal Späßchen.»
Auch hinter der Rückenlehne eines Stuhles ist es möglich, «aufzutreten», indem Kasperle sich auf den Rand setzen oder sich dahinter bewegen kann. So können wir ein kurzes Gespräch mit dem Kind führen, wobei der Inhalt noch nicht so wichtig ist, wohl aber der Klang der Stimme und die Bewegungen des Kasperle. Das Kleinkind braucht noch keinen großen, dramatischen Inhalt. Es genügt ihm, wenn Kasperle gezeigt wird mit verschiedenen Gegenständen, die er nacheinander heranträgt und über welche er einfach etwas erzählt. Kein Anfang, kein Ende, nur eine nette kleine Unterhaltung.

Die Vierjährigen

Das nächste Stadium ist eine etwas «richtigere» Bühnenform, ein erstes Theater. Dazu eignet sich vorzüglich eine Türöffnung. Wir befestigen *in* der Türöffnung einen Stock oder Besenstiel, waagerecht, direkt über unserem Kopf. Dann können wir selber stehend spielen. Über dem Stock hängt eine Decke ganz herunter, damit wir unsichtbar bleiben. Die ganze Türöffnung ist dann zugehängt bis auf das Rechteck der Bühnenöffnung (vgl. Abb. S. 84). Ein Zwischenraum für den Spieler bleibt offen, dahinter befestigen wir etwas höher einen zweiten Stock, oder wir stellen einen Wandschirm auf und hängen ein Tuch darüber als Hintergrund. Soll der Hintergrund straffer hängen, beschweren wir den Saum z. B. mit Bleiband. Man muß sich diese Konstruktion kurz überlegen: Selber sollte man gut

zwischen den beiden Tüchern stehen können, gleichzeitig unsichtbar sein und die Hände frei bewegen können. (Leider sind in vielen modernen Wohnungen die Türen so niedrig gebaut, daß die Spielöffnung nicht mehr für die ganze Puppe ausreicht, wenn man aufrecht stehend spielen will. Ein hoher Hocker, drehbar, damit man beweglich bleibt, kann dann als Sitzgelegenheit dienen.)
Über beide Stäbe kann man sehr gut Tücher hängen, um das Bühnenbild anzudeuten. Über dem hinteren Stab oder dem Wandschirm wirkt am besten ein einfarbiger Stoff als Hintergrund, denn alles zeichnet sich deutlich davor ab: ein hellblaues Tuch als Himmel, ein dunkelblaues als Nacht, der Mond und einige Sterne werden daraufgesteckt; ein goldgelbes Tuch für den Palast, ein grünes für den Wald, ein kariertes für die Küche: für jede Stimmung und Situation die passende Farbe. Über die Spielleiste kann man ein Tuch hängen, das die Stimmung des Bildes noch unterstreicht: ein schönes Seidentuch für das Fest beim König, ein Spitzentuch für ein Hochzeitsfest, ein geblümtes Tuch für den Aufenthalt im Freien.
Schön ist die Spielbühne in der Schiebetüre zwischen zwei Zimmern. Man kann sie so groß machen, wie man möchte. Die Kinder sitzen im einen Zimmer, und das Spiel ist im anderen gut aufgebaut und vorbereitet. Jetzt brauchen wir nur noch zwei Lampen vor der Spielleiste, die eine nach oben gerichtet, die andere von oben nach unten scheinend, weil es sonst Schlagschatten gibt.

Die Fünfjährigen   Eine echte, dreiteilige, zusammenklappbare Spielbühne: eine Vorderfront mit der Bühnenöffnung und zwei bewegliche Seitenflügel. Ein richtiges Kasperle-Theater verlangt viel handwerkliches Geschick. Es ist ein wunderbares Geschenk für eine Familie mit Kindern. Auch hier ist es wichtig, sich vorher zu überlegen, wie die Spieler stehen oder sitzen sollen.

Die Requisiten Jedes Spiel braucht irgendwelche Requisiten wie ein Theaterstück. Das sind etwa eine Bratpfanne für Gretel, eine Sahnetorte für Großmutter, ein Korb mit Äpfeln, ein goldener Ring. Auch hier gilt eine wichtige Regel: <u>Sie sollen im Verhältnis zu der Puppe größer als normal sein.</u> Nur wenn sie auffallend «groß» sind, wird ihre Bedeutung sichtbar.
Ein Gardinenring aus Messing, den Kasper um den Arm trägt, stellt seinen «goldenen» Ring deutlicher dar als ein Ring an seinem Finger. Außerdem müssen die Puppenhändchen den Gegenstand festhalten können. Das sollte der Spieler gut üben.
Für alle Bühnenbilder und Requisiten gilt die goldene Regel: je einfacher, um so besser ist die Wirkung. Wenige, aber gut ausgewählte Hilfsmittel regen die Phantasie an, nicht nur beim Spieler, sondern gerade auch bei den Zuschauern. Phantasie und Kreativität, sie fangen hier an mit «aktiv» zuschauen und «aktiv» reagieren.

Singen Nicht nur das vorher erwähnte Glöckchen schafft Ruhe für den Spielanfang, auch ein kleines Lied schafft Stimmung. Kasperle pfeift oder singt, wenn er kommt, er kann auch gemeinsam mit den Kindern ein bekanntes Liedchen singen. Auch die anderen Puppen können zusammen mit den Kindern ein Lied anstimmen oder ein Tänzchen machen, während die Kinder dazu singen. Das tun sie gerne, denn dann sind sie daran beteiligt.

Kleine Geschichten für das Puppen-Theater Einige Spielideen wurden in dieses Büchlein aufgenommen. Wenn man den Text liest, erscheint er manchem vielleicht sogar ein wenig «kindisch», aber beim improvisierten Spiel wird er lebendig. Wichtig ist es, beim Lesen auf den Spielaufbau zu achten: Kasperle ist erstaunt über die auffallende Eigenschaft eines Tieres oder einer Figur, es entspinnt sich darüber ein kurzes Gespräch, dann geschieht noch etwas ... und schon sind wir mittendrin. Es ist nicht schwierig, die Kinder in Fahrt zu bringen, viel schwieriger ist es, sie wieder zu beruhigen. Mit folgender Gebärde kann man es erreichen: Kasper hält die Hand vor seinen Mund, den Kopf ein wenig schräg, und dann heißt es warten, ruhig abwarten und erst weiterspielen, wenn es still ist.

Andere Motive liefern den Stoff für neue Geschichten, etwa, wenn es gilt, kleine Probleme im Kinderleben zu lösen. Ein krankes Kind soll seine Arznei einnehmen. Dann ist es eine große Hilfe, wenn seine Lieblingsfigur, zum Beispiel die Prinzessin, diese Arznei auch einnehmen muß. Die Prinzessin kann sogar abends ans Bett kommen, um die Medizin zu bringen. Es ist erstaunlich, wieviel man auf diese Weise mit den Puppen bei den Kindern erreichen kann. Ein anderes Beispiel: Kasperle hilft als Verkehrspolizist den Kindern, die Straße zu überqueren. Mit einem roten und einem grünen Lämpchen läßt sich eine schöne Geschichte daraus machen.

Immer ist aber das Wichtigste: <u>Die Kinder sollten reichlich Gelegenheit haben, mitzuspielen, sich einzumischen.</u> Es ist ja das Einmalige am Puppenspiel, <u>daß es sich aus Frage und Antwort entwickelt.</u> Die Zuschauer können ihre Empfindungen äußern, ihre Freude, ihren Unmut. Und der Text bleibt beim Spielen immer Improvisation über ein vorher ausgedachtes Thema. Alles, was Kasperle erlebt, berührt unmittelbar das Kinderherz: sich zanken und sich wieder versöhnen, nicht zur rechten Zeit da sein, wo man sein soll und es bereuen, ungezogen sein und sich entschuldigen. Diese Erlebnisse und Empfindungen kennt das Kind alle, und es identifiziert sich mit Kasperle. Genau wie Kasperle tritt es erwartungsvoll dem Leben entgegen und hofft auf eine Belohnung, und wenn es mißlingt ... nun, so werden wir weitersehen.

Bei den kleinen Kindern haben die nachfolgenden kurzen Spielentwürfe am meisten Erfolg. Sie sind locker aneinandergereiht wie die Seiten eines altmodischen Bilderbuchs: immer etwas Neues und auch immer eine Wiederholung. Dieses Alter genießt das Zeitlose. Auf diesem Wege kann es auch unmerklich zu einer guten Verständigung zwischen Eltern und Kindern kommen, sie entsteht ganz von selber. Das gegenseitige Vertrauen wächst, je mehr «Gegenstände» zur Sprache kommen. Auch wollen die Kinder selbst eine Puppe in der Hand halten, und dann erzählen sie sich und ihren Geschwistern ganze Geschichten. Sie machen sich mit Kasperle vertraut, und wenn er dann später auf der Spielleiste erscheint, ist das Verhältnis zu ihm noch intensiver geworden.

Man kann ganz einfach anfangen, mit einer Puppe, und im Laufe der Monate und Jahre kommen dann die nächsten Puppen.
Die Kinder werden älter, die Fünfjährigen erwarten mehr Inhalt, eine fortlaufende Handlung: das Gute muß belohnt, das Böse bestraft werden. Das Puppenspiel nimmt zu an Inhalt und Umfang. Ein zweiter Spieler wird gebraucht, schon alleine damit die verschiedenen Stimmen gesprochen werden können. Die Spieler sollten schon etwas geübter sein im Erzählen und in der gleichzeitigen Führung der Puppen.

Klingelingeling! Kasperle erscheint mit dem bekannten Läuten. «Grüß Gott, liebe Kinder. Sitzt ihr alle gut? Ihr seid sicher ganz neugierig auf meine neuen Abenteuer. Heute wird es eine Geschichte sein von Fiffi, meinem Hündchen, und den wundervollen Äpfeln, die im Garten des Pfarrhauses am Baum hängen. Morgens früh, wenn der Herr Pastor die Messe liest, kann ich über den Zaun klettern und mit einem Schwung direkt im Apfelbaum landen. Das ist ein ziemliches Kunststück, aber ich habe gesehen, wie es einer der großen Jungen gemacht hat, und dann kann ich es auch.»

Leider fängt Fiffi an zu bellen und verrät ihn, und wenn Kasper über den Zaun zurücksteigt, steht dort . . . der Gendarm. Man kann sich selber ausdenken, wie es weitergeht! Ist der Gendarm gutmütig oder streng? Lausbuben müssen bis zu einer gewissen Grenze Mutproben machen, aber wo liegt die Grenze? Das ist hier nicht nur moralisch gemeint: «Paß auf, tu das nicht, das darfst du nicht!» Der Nachdruck liegt vielmehr auf den Folgen, die das Klauen hat: Welche Folgen haben meine Taten? Man darf ein Kind aber auch nicht zum Gespött werden lassen, muß ihm immer einen Ausweg zeigen, wie Kasper immer einen findet.

Man muß als Spieler allmählich so vertraut werden mit seiner Puppe, daß man sich ganz in sie hineinversetzen kann, daß die Puppe direkt aus dem eigenen Herzen spricht. Das ist auch der Grund, weshalb der Sprecher keinen Text vorlesen kann. Dann müßte er aufs Blatt «herabblicken» und sprechen. Er sollte aber auf die Puppe schauen und über die Puppe zu den Kindern, also spontan, sprechen. Der Spieler muß auch sofort an die Reaktionen und an die jeweiligen Gegebenheiten anknüpfen können: Hat ein Kind Geburtstag, dann fängt er mit einem festlichen «Hoch soll er (sie) leben» an. Ist ein Kind krank und kann nicht kommen, so fragt er, wer nachher dem Kranken die Geschichte weitererzählt, und das heißt: besonders gut aufpassen.

«Könnt ihr das auch?» – «Ja», rufen sie voll gespannter Erwartung, wann nun endlich die Geschichte wirklich anfängt. Es ist dennoch ein wichtiger Teil der Vorfreude, der die Aufmerksamkeit weckt, es ist ein kurzes Gespräch zur Einstimmung.

Dann folgt das «Spiel»: eine wirkliche Geschichte in verschiedenen Szenen, mit verschiedenen Puppen und Bühnenbildern. Es ist wichtig, daß alles gut vorbereitet ist und die Szenenbilder leicht zu verwandeln sind; denn das junge Publikum hat nicht viel Geduld und die Spannung läßt schnell nach. Mit einem Sprung von dem Wald in den Palast, – ein anderer Stab mit einem anderen Tuch. Schnell aus der Küche in den Festsaal, aus der Hölle in den Himmel, – ein anderes Tuch, und schon kann's weitergehen. Ein schmales Brett hinter der Spielleiste schafft viele neue Spielmöglichkeiten. Kasperle kann sich darauf schlafenlegen und dann um einen Schluck Wasser bitten oder um eine weitere kleine Geschichte. Auch können Gegenstände darauf stehen, wie der Korb mit Äpfeln und die festlich geschmückte Sahnetorte. Die Hoffnung auf Sensation und Gruseln wird manchmal erfüllt, manchmal auch nicht. Es sollte immer reichlich Humor und Grund zum Lachen geben, denn das liebt Kasperle. An echten Feiertagen finden dann die größeren Puppenspiele statt. Gut ist da das Thema der vier Jahresfeste (Ostern, Johanni, Michaeli, Weihnachten). Zu jeder Jahreszeit ein entsprechendes Kasperlespiel! Nicht feierlich und heilig, sondern dynamisch und voller Bewegung. Jede Feier hat ihren eigenen Charakter. Ein Osterspiel mit einem König, einem Osterhasen und einem goldenen Ei. Ein Johannispiel mit einem Mittsommerfest, wofür Gretel ein neues Hütchen gekauft hat. Aber über dem neuen Hut hat sie etwas Wichtiges vergessen . . . Ein Herbstspiel mit dem Drachen, mit Rosinen und Nüssen. Und in der Weihnachtszeit sucht ein König die Paradiesrose, und sein Weg führt ihn zum Teufel und zum heiligen Petrus und noch viel weiter. Zum Glück ist Kasperle überall dabei, jedesmal gibt es viele Irrungen und Wirrungen, aber gänzlich unerwartet wird der Knoten gelöst. «Oh, wie gut, daß es so ausgegangen ist. Ende gut, alles gut. Auf Wiedersehen, liebe Kinder!»

In allen Geschichten sollte als Grundstimmung die Ehrfurcht vorherrschen. Ehrfurcht und Staunen, ob es nun die Schönheit einer Blume, den buschigen Schwanz des Eichhörnchens oder die Spiralform des Schneckenhauses betrifft. Die Ehrfurcht, die in dem Kind geweckt wird für seine Umgebung, für die Wesen um es herum, sie äußert sich auch in dem selbstverständlichen Sprechen mit dem Lieben Gott. Kasper kann auf der Bühne gut ein kurzes Stoßgebet sprechen, auch wenn es ein Stoßgebet in höchster Not ist. Aber er weiß von dem Himmel und den Engeln und redet selbstverständlich darüber, so wie das kleine Kind es von sich aus tut. Wo wohnt der Liebe Gott? Kann Er alles sehen? Nun, Kasperle weiß eine Antwort darauf.

Er weiß auch von den Zwergen, den fleißigen Schaffern in der Erde, an den Wurzeln der Bäume; oder von den Riesen, die so stark sind, aber, ach, so dumm; von dem Schutzengel, der jedes Kind bewacht. In allen Geschichten bleibt Kasperle die Hauptperson in der Art, wie er das Leben betrachtet und die Lebenssituation ergreift. Jedes Spiel ist aus dem Leben gegriffen. «Nirgends lebt mehr ein Held», klagt der König. «Vielleicht könnte ich ein Held sein?» zweifelt Kasperle. «Ach nein, du Dummbart, du ganz bestimmt nicht», hänselt ihn Gretel. «Also das wollen wir sehen», denkt Kasperle. Und dann zieht er sofort in die Welt hinaus und stolpert in alle möglichen Gefahrensituationen, an Tod und Teufel vorbei. Er erhält gute Ratschläge und Hilfe von Petrus oder von seiner Großmutter oder von Fiffi, und . . . jawohl, am Ende ist er der Sieger. Aber niemals wie ein selbstgefälliger Bürger, immer mit leichtem Spott über sich selber: «Hättest du das von Kasperle gedacht?» Und ein erlöstes Lachen ist das Ende. «Gute Nacht, alle miteinander – ich gehe ins Bett!»

Weshalb ist Kasperle so wichtig?

Er ist ein alter Kinderfreund, seit Jahrhunderten von allen geliebt. Kasper ist auch eine große Hilfe in der Erziehung oder buchstäblich in der Erziehungs*kunst*. Neben den Liedern, Spielen und Märchen ist

Kasperle ein hilfsbereiter Freund im Kinderzimmer. Als Eltern versuchen wir dem Kind zu helfen, damit es wächst an «Leib, Seele und Geist». Das Kleinkind lebt in der Nachahmung und Wiederholung, wodurch es eine ganze Reihe «guter Gewohnheiten» lernen kann. Das Lernen guter täglicher Gewohnheiten, das Handhaben eines festen Tagesrhythmus, es sind Erfahrungen, die Kasperle vorspielt mit allen munteren Entgleisungen, die dazugehören. Und ebenso wie ein gesundes Kleinkind paßt Kasper haargenau auf. Er riecht, schmeckt, tastet, schaut um sich, es entgeht ihm nichts. Froh und munter purzelt er durch den Tag und gewinnt im buchstäblichen und übertragenen Sinne immer sein Gleichgewicht wieder. Mit Schwung geht er durchs Leben und mit viel gesundem Menschenverstand tritt er den überirdischen Wesen gegenüber: im Paradies, im Himmel, in der Hölle. Es sind dies Begegnungen, die er mit einem gesunden Urteilsvermögen angeht. Wie das Kind kommt auch Kasperle immer wieder mit allen Naturerscheinungen in Berührung. Mit Sand und Wasser beim Spielen und Bauen, mit dem Wind beim Drachensteigen-Lassen, und mit Holz und trockenem Laub kann man Feuerchen machen, auch um Pfannkuchen darauf zu backen. – Zu diesen vier Urelementen Erde, Wasser, Luft und Feuer gehören seit altersher verschiedene Elementarwesen: die Zwerge in der dunklen Erde, die Nixen im perlenden Wasser, die Elfen in der lichten Luft und die Feuerwesen, die von den Flammen nicht verzehrt werden. Ganz selbstverständlich verbindet das Kind mit den Elementen Eigenschaften wie: kalt und warm, naß und trocken. «Hu, ist das Wasser kalt!» und «Aah, was für ein mildes Lüftchen» und «Aua, das Feuer ist heiß, ich hätte mich fast verbrannt!» Der Ostwind trocknet alles aus, die zarten Blätter hängen schlaff herunter. Doch am nächsten Tag bringt der Westwind Wolken und Regen ... dann wächst alles wieder. «Der Mai ist gekommen, die Bäume schlagen aus», singen die Kinder und möchten selber mitwachsen. Es ist wichtig, diese Urbilder in den

Erzählungen immer wieder zu verarbeiten, denn sie sind die Grundlage unseres Lebens; sie erkennen und mit ihnen umgehen bedeutet Lebensvertrauen und somit Lebensmut. Es beruhigt ein Kind, wenn auch Kasperle abends im Dunkeln etwas ängstlich wird, zum Glück sind dann da der Mond und die Sterne. Und mit Kasperle freut es sich, wenn morgens die Sonne wieder aufgeht.

Diese Urbilder brauchen nur kurz angedeutet zu werden. Kasperle gibt seine Anmerkungen dazu, er ist purer Realist, wie es das Kleinkind selber meistens ist. Er steht der wahrnehmbaren Welt genauso objektiv gegenüber wie der unsichtbaren, mit einer beneidenswerten Selbstverständlichkeit. Spott oder Zweifel daran sind ihm fremd.

Mit diesem Hintergrund bekommen die Spiele einen Inhalt, der zwar nicht ausgesprochen wird, der aber auf das Kind wirkt. Es möchte auch voller Ehrfurcht und Dankbarkeit im Leben stehen wie Kasperle. Man denke an den alten Spruch: Hände, die sich jung zum Gebet falteten, können im Alter segnen.

Wer ist Kasperle eigentlich und was will er uns erzählen?

Dieselbe Frage und dieselbe Antwort wie am Anfang. Nur sagt sie uns jetzt viel mehr, da wir ihn bewußter kennengelernt haben. «Ich bin Kasperle. Ich bin das Ich in uns, das Ich, das sich entwickelt im Kind selber.» Das Ich, das aus dem Himmel herabsteigt und auf der Erde ein Leben lebt.

Es wird ein Leben sein voller Erfahrungen und Erinnerungen, ein Leben, in dem es Niederlagen und Erfolge, Ausgleiten und sich wieder Aufrappeln, ängstliches Zurückschrecken und mutiges und freudevolles Neubeginnen geben wird. Denn an irgendetwas muß das Ich Freude erleben, damit es nicht in Angst, Zweifel und Haß versinkt. Und auf dem Wege zu diesem «hohen Ziel» sind die Irrtümer und Fehlschläge unvermeidlich. Wie sollte ein Ich jemals selbständig und verantwortungsbewußt werden, wenn es nicht zuvor das Scheitern selbst durchlebt hat? Allzu brave Kinder werden später oft ängstliche Erwachsene.

Kasperle ist so allgemein-menschlich, daß er auch unter anderen Namen bekannt ist. Er ist eng verwandt mit dem Joker im Kartenspiel. Auch dieser purzelt durch alle Kartenwerte, paßt sich jeder Situation an und zieht weiter. Kasperle ist auch verwandt mit dem Narr an den früheren Fürstenhöfen. Der Narr hatte eine wichtige Funktion: er war der einzige im Hofstaat, der dem König ungestraft die Wahrheit sagen durfte, wenn er es humorvoll und geistreich tat.

Die Nebenfiguren gehören zu Kasperles engster Umgebung.
Großmutter ist Ausdruck des sicheren Untergrundes in unserem Dasein, des Vertrauens in den Schutzengel. Das wächst sich später aus zu einem Vertrauen in den Hintergrund unseres Lebens und in den Lieben Gott, der alles geschaffen und uns das Leben, uns selbst geschenkt hat, damit wir dieses Geschenk ergreifen und zu selbständigen und verantwortungsbewußten Wesen werden können. Gesund aufwachsen bedeutet, daß wir in jungen Jahren erfahren haben, wie geborgen wir bei Großmutter sind.
Gretel stellt die tägliche Umgebung dar, lauter Sorgen um den «Kleinkram» des Lebens, aber ach, man muß lernen, damit fertig zu werden: Enttäuschungen und Rückschläge stärken uns, damit wir nicht mutlos den Kopf hängen lassen.

Auch andere Personen und Wesen vertreten jedes auf seine Weise ein Stückchen Realität aus «Familie» und «Milieu», worin das Ich aufwächst, womit das Ich sich auseinandersetzt, damit es Erfahrungen sammelt. Sie bringen die Spannungen und Konflikte. Ohne sie kann das Ich nicht zu einem verantwortlichen und schaffenden Menschen heranwachsen.

Das *Frage- und Antwort-Spiel* ist auch schon ein altes Thema. Wie der griechische Philosoph Sokrates seine Weisheit in die Form der Frage kleidet, so sollte Kasperle es auch tun. Durch die richtige Frage wacht der andere auf, er wird aufmerksam, es verschwindet von selbst die sinnlose Art des Weiterfragens, das bloße Aneinanderreihen von «Warum» und «Warum». Es schmilzt wie Schnee in der Sonne, weil Kasperle seine Antwort in praktischen Bildern gibt und nicht in abstrakten Erwachsenenantworten.

Das *aktive Zuhören,* das Selber-Mitgestalten in den Antworten, es sind die gesundmachenden Elemente des Puppenspiels. Dadurch wird auch vermieden, daß das Kind sich ängstigt, denn es kann eine Spannung sofort in eigene Aktivität umsetzen. Auch das ist ein großer Gegensatz zu dem passiven Fernsehen. Die Eltern können dort nie mitspielen. Auch gibt es nur zu Hause die Möglichkeit zu wiederholen, und jeder, der mit Kindern zu tun hat, weiß, wie gerne sie dieselbe geliebte Geschichte wieder hören wollen, dasselbe Lied, dasselbe Gebet vor dem Schlafengehen. Ein wiederholtes Sehen und Erleben, ein wiederholtes Hören und Handeln ist die Grundlage für einen gesunden Rhythmus, ja sogar für eine gute Gesundheit.

Warum? Kasperle sagt es so: «Dann weiß ich genau, wo ich dran bin, ich brauche nicht unsicher zu werden, alles hat seine festen Regeln und ich fühle mich wohl dabei.» Regelmäßig essen, spielen, schlafen, das ist Daseinsgrundlage. Jede Mutter weiß, wie Unregelmäßigkeit, zum Beispiel im Urlaub, sich auswirkt: sich langweilen, quengeln, nicht schlafen, immer unruhig sein, immer etwas anderes wollen.

Das Puppentheater eignet sich denn auch sehr gut dazu, im eigenen Wohnzimmer eine heimelige Atmosphäre zu schaffen, wobei das gemütliche Zusammensein durch die besondere Attraktion noch glanzvoll gesteigert wird. Selbstverständlich ist es anstrengend, so etwas zustande zu bringen. Man sollte aber den Sprung ins Wasser wagen, einfach anfangen, selbst üben und ausprobieren und sehen, was möglich ist, und dann darauf vertrauen, daß das alte Rezept noch genauso wirksam ist.

Ein großer Vorteil ist, daß man selbst bestimmen kann, wann man anfängt und aufhört, und damit fällt auch das Problem weg, daß von außen her die Zeit bestimmt wird und die Kinder zu spät ins Bett kommen.

In anderen Ländern hat Kasperle Artgenossen: In den Niederlanden heißt er Jan Klaassen, in England Punch mit seiner Frau Judy, in Frankreich Polichinelle. In jedem Land hat er besondere Eigenschaften, die sich nach dem Volkscharakter unterscheiden.

Die Frage, die sich hier stellt, ist die nach dem Unterschied zwischen den Kasperlegeschichten und den Volksmärchen, die ja auch gesunde Seelennahrung sind.

Märchen werden erzählt oder vorgelesen, das Kind bleibt ganz frei in seinen Vorstellungen, es kann selbst seine «Bilder» schaffen, vor allem, wenn es oft dasselbe Märchen hört. Das Kasperle-Spiel wird sichtbar gemacht, im Raum, in den drei Dimensionen, und es ergreift das Kind unmittelbarer. Kasperle ist verwandter mit der täglichen Realität. Mit dem Hier und Jetzt! Davon handelt sein Spiel.

Zehn kurze Kasperle-Szenen

Kasperle und die Schnecke

(Wir basteln eine Schnecke aus Pappe, genauso groß wie Kasperle, die wir an einem Stöckchen befestigen [zuerst ausschneiden und anmalen]. Es ist eine Geschichte, worin Kasperle das Rätsel des Schneckenhauses lösen soll. Eine beruhigende Geschichte, langsam wie die Schnecke selber.)

Kasperle	Es regnet, es regnet, der Kuckuck wird naß, wir sitzen im Trocknen, was schadet . . . Plumps! Da bin ich hingefallen! Und jetzt sitze ich mitten in der Pfütze. O weh, meine Hose ist naß, was wird Gretel dazu sagen? *(Er sieht die Schnecke.)* Holla, was ist denn das? Ein Haus? Wo ist die Glocke? Nirgends. Und die Fenster? Kein einziges Fenster! Das ist ein seltsames Haus. Soll ich einmal anklopfen, Kinder? *(klopft)* Da drinnen schlafen sie, es kommt niemand. *(klopft wieder)* Hallo, wer wohnt hier, was bist du für ein Tier?
Schnecke	*(spricht langsam)* Du liebe Zeit, warum machst du einen solchen Krach? Ich war ganz oben in meinem Haus und mußte schrecklich schnell hinunterlaufen. Wer bist du?
Kasperle	Ich bin Kasperle, was bist du für ein Tier?
Schnecke	Das mußt du raten. Magst du Rätsel raten?
Kasperle	Manchmal.

Schnecke	Ich werde dir ein Rätsel sagen, und wenn du es errätst, dann zeige ich dir etwas Hübsches.
Kasperle	Also gut.
Schnecke	Paß auf! Ganz ohne Fenster ist das Haus, doch sieht es drinnen prächtig aus. Flach auf der Erde liegt das Tor, da schaut der Bewohner leichter hervor. Klopfst du, so schließt die Tür sich zu, doch wartest du in guter Ruh, so geht der stille Bewohner hinaus, und mit ihm wandert auch das Haus!
Kasperle	Was könnte das sein. Wißt ihr es, Kinder? Was sagt ihr? Ist das die Schnecke selber? Ach so, ja, ich glaube auch, daß das die Schnecke selbst ist mit ihrem Haus. Schnecke, bist du es selber?
Schnecke	Du hast es geraten, und jetzt zeige ich dir, wie mein Haus wandert. *(gleitet ganz langsam davon)*
Kasperle	Wahrhaftig, da geht sie weg, mit ihrem Haus. Aber so schnell wie ein Auto ist sie doch nicht, auch nicht wie ein Fahrrad. Also, Kinder, ich gehe jetzt heim und erzähle Gretel das Rätsel. Mal sehen, ob sie es raten kann. Auf Wiedersehen!

Kasperle im Wald

Kasperle	*(mit einem Korb am Arm)* Guten Tag, liebe Kinder! Wißt ihr, wo ich bin? Ich bin im Wald und suche Blaubeeren. Habt ihr das auch schon mal getan? Schau, dort ist eine, und hier, und dort, die soll ich alle in

	den Korb sammeln, denn Gretel will Blaubeermarmelade kochen. Was ist denn das da? Hier liegt tatsächlich ein goldener Ring! Wie mag denn der hierhergeraten sein? Wißt ihr es nicht? *(ab)*
Zwerg	Ich suche überall meinen goldenen Ring. Habt ihr ihn vielleicht gesehen? Was sagt ihr, hat Kasperle ihn gefunden? Ach du liebe Zeit, wie soll ich ihn denn wiederbekommen? Wenn er den Ring an seinen Finger steckt, dann kann er alle Türen aufmachen! Ich werde zu den Zwergen in die Stadt gehen, denn jedes Haus hat einen Zwerg, vielleicht wissen die, wo Kasperle wohnt.
Gretel	*(in der Küche)* So, die Blaubeermarmelade ist fertig. Hoffentlich fängt Kasperle nicht an zu naschen, denn ich möchte sie für Sonntag aufheben. Ich werde sie hier in den Schrank schließen! *(ab)*
Kasperle	Ist Gretel weg? Wonach riecht es hier so gut? Gibt es hier Blaubeermarmelade? Wenn ich meiner langen Nase folge, dann finde ich die schon. Bestimmt hat Gretel sie hier versteckt. Aber ich möchte doch einmal probieren, wie sie schmeckt. Schau, die Tür öffnet sich von selber. Mmm, schmeckt das gut! Noch ein bißchen. Je mehr, je besser. Soso, jetzt habe ich sie schon halb aufgegessen. Was wird Gretel dazu sagen? Wißt ihr was, ich esse alles auf, vielleicht denkt Gretel dann, daß der Topf verzaubert ist. Jetzt habe ich aber einen ganz dicken Bauch, jetzt lege ich mich schlafen. *(schläft)*
Gretel	Da schläft er schon wieder. Mitten am hellichten Tag. Er ist doch ein Faulpelz, der Kasper. Was hat er für einen dicken Bauch, was könnte er gegessen haben? Blaubeermarmelade, sagt ihr? Das ist doch nicht möglich, die steht doch hier in dem verschlossenen Schrank? Du liebe Zeit, der Schrank ist offen und der Topf ist leer. *(geht weinend ab)*
Kasperle	Hört mal, liebe Kinder, es ist doch komisch. Seit ich den Ring gefunden habe, öffnen sich alle Türen von selber. Ich brauche nichts mehr zu öffnen, auch Gretels Schrank nicht. War sie schon hier? Mensch, wird die böse sein!

Gretel	*(kommt)* Da bist du also, du böser Nascher. Jetzt werde ich dir eine schmieren! Meine schöne Marmelade!
Kasperle	Aua! Hör auf! War der Topf denn nicht verzaubert?
Gretel	Ich werde dich verzaubern! Klatsch, klatsch.
Kasperle	Ach liebe Gretel, hör doch auf. Du schlägst mich sonst noch tot, und das willst du doch nicht?
Gretel	Wie bist du eigentlich an den Schrank gekommen, er war doch abgeschlossen.
Kasperle	Da sagst du so was. Schau her, wenn ich mit dem Ring an meinem Finger auf eine Tür zugehe ... Siehst du wohl? Die öffnet sich von selbst und der Schrank geht auch von selber auf, siehst du?
Gretel	Wie kommst du zu dem Ring?
Kasperle	Den habe ich neulich im Wald gefunden, als ich die Blaubeeren gepflückt habe.
Gretel	Zeig mir den Ring mal, ist er wirklich aus Gold?
Kasperle	Da schau, ganz rund und ganz aus Gold.
Gretel	Zeig mal! *(nimmt ihn)* Du böser Ring, wenn du alle Türen öffnest, kann ich nichts mehr abschließen. Ich werfe dich hier in das Mauseloch. *(wirft)*
Kasperle	Nicht tun, Gretel, nicht doch! Aaach, jetzt ist er weg, ganz und gar weg!
Gretel	Geh nur schnell wieder Blaubeeren pflücken, dann koche ich neue Marmelade für dich. Nur hoffe ich, daß du nie wieder einen goldenen Ring findest. *(ab)*
Kasperle	Es war doch schade, den Ring wegzuwerfen. Jetzt muß ich wieder arbeiten und alle Türen bleiben verschlossen, wie bei anderen Menschen. *(ab)*
Hauszwerg	*(kommt mit Waldzwerg)* Ja, in dieser Küche wohnen Kasperle und Gretel. Aber ich glaube nicht, daß wir hier etwas finden, Gretel putzt immer in allen Ecken. *(sie suchen)*

Waldzwerg	Nein, ich sehe nichts, und du? Schau, hier ist ein Loch, wie ich eins im Wald habe. Wer wohnt hier?
Hauszwerg	Hier wohnt die Küchenmaus; ich will mal schauen, ob jemand zu Hause ist.
Waldzwerg	Ich werde froh sein, wenn ich wieder im Wald bin, mir gefällt es gar nicht in der Stadt, alles ist hier so eng.
Hauszwerg	*(ruft)* He, Kamerad, weißt du, was ich hier finde?
Waldzwerg	Was rufst du, was hast du?
Hauszwerg	*(kommt wieder)* Na, was ist denn das?
Waldzwerg	Wie ist es möglich, das ist ja mein Ring! Mensch, da bin ich aber froh, jetzt gehen wir schnell zurück in meine Höhle in den Wald, und ich lade dich ein zu einer guten Blaubeermarmelade! *(zusammen ab)*

Kasperle und der Vogel

Kasperle	Guten Tag, liebe Kinder, könnt ihr auch pfeifen? So! *(pfeift)* Genau wie die Vögel. Das ist eine Kunst, die ich von den Spatzen gelernt habe. Gretel streut den Spatzen immer Brosamen, ihr auch? Und dann kommen ganz viele Vögel und die singen dann für mich.
Gretel	Kasperle, gehst du für mich einkaufen? Komm, hier ist ein Korb und ein Einkaufszettel. Es steht drauf: Käse, Plätzchen und Brot.
Kasperle	Hoffentlich kann ich alles tragen, so viel Plätzchen!
Gretel	Hör mal Kasperle, ich weiß genau, wieviel Plätzchen in einer Packung sind, und ich sehe es sofort, wenn du genascht hast, und dann blüht dir was! *(ab)*

Kasperle	Käse, Plätzchen, Brot. Also ich gehe, sonst wird es zu spät, und dann machen die Läden zu. *(ab)*
Kasperle	Was habe ich hier in meinem Korb? Käse, Plätzchen und Brot. Ich habe es gerade noch geschafft, die Läden wurden schon geschlossen. Schau, was liegt denn da auf dem Boden? Ach, ein Vögelchen. Ob es tot ist? *(hebt es auf)* Mal horchen ... nein, sein Herzchen klopft noch, aber es ist so kalt, ich will es schön warm halten. Schau, es macht die Augen wieder auf! Ob es ein Plätzchen möchte?
Vögelchen	Piep, piep, ich bin so hungrig.
Kasperle	Seht ihr wohl, das arme Tierchen ist fast verhungert, wie gut, daß ich die Plätzchen da habe, soll ich ihm eins geben, Kinder? Da, iß nur.
Vogel	Piep, piep, das schmeckt gut! Noch mehr, noch mehr!
Kasperle	Langsam, langsam, nicht so gierig. Du kriegst sie ja; so, das ist das letzte Plätzchen.
Vogel	Piep, Piep, ich bin wieder gesund und fliege weg. Auf Wiedersehen, auf Wiedersehen! *(Tschüß, tschüß!)*
Kasperle	Tschüß, Vögelchen! Aber, o weh, Gretel, was wird sie sagen, wird sie es mir glauben? Die Plätzchen sind alle! Werdet ihr mir helfen, liebe Kinder? *(ab)*
Gretel	So, Kasperle, bist du wieder da? Zeig mir mal, was du eingekauft hast. Käse, Brot und ... wo sind die Plätzchen?
Kasperle	Hör, Gretel, da lag ein ganz armes, halb verhungertes Vögelchen auf dem Weg und das hat alle Plätzchen aufgegessen.
Gretel	Das glaube ich dir nicht. Du hast sie gewiß selber gegessen.
Kasperle	Frag nur die Kinder. Habe ich nicht alle Plätzchen dem Vögelchen gefüttert, Kinder? Also, da hörst du es!
Gretel	Ein Glück, Kinder, daß ihr es auch gesehen habt. Ist das Vögelchen wieder ganz gesund?
Kasperle	Glaubst du mir jetzt?
Gretel	Ja, Kasperle, ich glaube dir, und ich finde dich sehr lieb, weil du für das Vögelchen gesorgt hast. Horch, hörst du etwas?

Kasperle	Ja, da singt ein Vogel!
Vogel	Piep, piep, Kasperle und Gretel, die Plätzchen haben gut geschmeckt, jetzt kann ich wieder prima singen!
Gretel	Das ist ein liebes Vögelchen. Komm, Kasperle, wir essen heute abend Brot und Käse, und das wird uns so gut schmecken wie süße Plätzchen!

Kasperle und das Eichhörnchen

(Ein erfrischendes Gespräch zwischen Kasperle und dem Eichhörnchen. Weil es immerzu hüpft und klettert, ist die Stimmung unruhig und beweglich.)

Kasperle	Wie schön es doch im Wald ist. Guten Tag, liebe Kinder, geht ihr auch so gerne im Wald spazieren? Es ist so schön ruhig, nicht wahr? Wer sitzt denn da?
Eichhörnchen	Hops, das bin ich.
Kasperle	Wer bist denn du?
Eichhörnchen	Hops, bist du so dumm?
Kasperle	Jetzt bleib doch mal still sitzen, und sei nicht so frech.
Eichhörnchen	Hops! Weißt du jetzt, wer ich bin?
Kasperle	Du bist ein lästiger Hopser, aber dein buschiger Schwanz ist schön.
Eichhörnchen	Findest du ihn schön? Ja, ich bin schön, hops!
Kasperle	Mir wird schwindelig von all dem Herumgehopse. Wie heißt du nun eigentlich, Büschelschwanz oder Hüpfelein?

Eichhörnchen	Hops, Eichhörnchen heiß ich. Hast du Erdnüsse?
Kasperle	Ich glaube, ich habe noch etwas in der Hosentasche. Du bist also ein Eichhörnchen, und du magst Erdnüsse? Da hast du eine.
Eichhörnchen	Lecker! Noch eine!
Kasperle	Nicht umsonst. Erzähl mir doch mal, was du den ganzen Tag spielst?
Eichhörnchen	Also, ich hüpfe von Ast zu Ast, und ich esse Nüsse, Haselnüsse, Tannzapfen, Erdnüsse von den Kindern.
Kasperle	Ist das alles?
Eichhörnchen	Hops, das ist doch viel, und jetzt hüpfe ich weiter, Dankeschön für die Erdnüsse. *(ab)*
Kasperle	Von dem Tier habe ich keine neuen Spiele lernen können, oder vielleicht doch, hüpfen, aber das werde ich lieber auf dem Erdboden üben, in den Bäumen geht das nicht, dann falle ich herunter und breche ein Bein. Ich werde jetzt zu Gretel gehen und ihr das Hüpfen wie ein Eichhörnchen beibringen. Auf Wiedersehen!

Kasperle und die Krähe

(Bei stillen, introvertierten Kindern ist dies eine beliebte Geschichte.)

Kasperle	Grüß Gott, liebe Kinder! Ich langweile mich. Gretel ist in die Stadt gegangen und ich bin ganz alleine daheim. Ich will ein bißchen aus dem Fenster schauen. Was ist denn das für ein großes, schwarzes Tier?
Krähe	Krah, Krah!

Kasperle	Komm herein, komm herein, dann spielen wir miteinander.
Krähe	Grüß dich! Ich kann gar keine Würmer finden.
Kasperle	Hast du Hunger? Möchtest du ein Bonbon?
Krähe	Hier finde ich auch keine Würmer. Was bist denn du für ein Wurm?
Kasperle	Ich bin kein Wurm, ich bin Kasperle, und wer bist du?
Krähe	Ich bin eine Krähe und finde keine Würmer.
Kasperle	Hier brauchst du nicht zu suchen. Gretel putzt jeden Tag das Zimmer, und dann soll ich ihr helfen kehren, klopfen und saugen. *(macht alles vor)* Wir haben keine Würmer im Haus. Gretel würde sich davor ekeln.
Krähe	Das dachte ich schon, nirgends Würmer!
Kasperle	Sag mal, kannst du über nichts anderes reden als über Würmer? Denk dir doch mal was anderes aus.
Krähe	*(denkt)* Ich denke an Würmer.
Kasperle	Du liebe Zeit, dann bist du bestimmt krank. Ich werde dich mal tüchtig abbürsten, deinen Kopf, deinen Rücken, deinen Schwanz, und deinen Schnabel will ich auch glänzend putzen. So, fühlst du dich jetzt besser?
Krähe	Soll ich dir etwas erzählen? Eine Geschichte?
Kasperle	Gott sei Dank, es geht ihr besser. Sie denkt nicht mehr an Würmer.
Krähe	Es war einmal eine Krähe, die wurde ganz sauber geputzt, ihr Schnabel, ihr Kopf, ihr Rücken, ihr Schwanz. Dann fragte die Krähe ihren Schwanz: «Woran denkst du?» – «An nichts», sagte der Schwanz. Dann fragte sie ihren Rücken: «Woran denkst du jetzt?» – «An nichts», sagte der Rücken. Auch ihren Kopf fragte sie: «Woran denkst du jetzt?» – «An nichts», sagte der Kopf, aber der Schnabel öffnete sich und sagte: «Krah, krah, ich denke an Würmer, und jetzt fliege ich davon, denn hier finde ich keine.» *(Krähe ab)*
Kasperle	Das war ein Reinfall! Die hat vielleicht eine blöde Geschichte erzählt! Da kommt Gretel, zum Glück.
Gretel	Kasperle, warum ist das Fenster offen? Und wer hat die vielen schmutzigen Tapser auf meinem glänzenden Boden gemacht?

Kasperle	Das war ein Krähe. Eine stinklangweilige Krähe! Sie konnte nur über Würmer reden.
Gretel	Pfui, schnell, Kasperle, hole den Staubsauger, Kehrschaufel und Handfeger, dann putzen wir alles wieder ganz sauber.
Kasperle	Also ade, liebe Kinder, jetzt muß ich erst wieder arbeiten und ihr könnt spielen gehen. Auf Wiedersehen!

Kasperle und der kleine rote Stier

(Ein nettes Spiel für aktive Kinder. Kasperle und der kleine rote Stier rennen immer wieder hintereinander her – so lange, wie die Kinder es lustig finden. Die Aufregung ist groß.)

Kasperle	Guten Tag, Kinder, ich muß rennen, der kleine rote Stier ist hinter mir her, er ist böse, weil ich meine rote Mütze trage! *(ab)*
Stier	Buh, buh, buh, rot, rot, rot! *(ab)*
Kasperle	Ich habe ihn zum Glück abgehängt, jetzt kann ich etwas verschnaufen. Habt ihr den kleinen roten Stier gesehen? Der kann vielleicht rennen, aber ich auch! *(Von weitem: Buh, buh!)* Da höre ich ihn schon wieder, aber diesmal verstecke ich mich. *(ab)*
Stier	Buh, buh, wo ist Kasperle? Wie schön ist es hier, überall gibt es saftiges Gras und nirgends mehr eine rote Mütze! Grüß Gott, liebe Kinder, buh, buh!
Kasperle	*(um die Ecke)* Ist er freundlich, kann ich kommen? Hallo, Stierchen!
Stier	Buh, wer ruft mich?

Kasperle	Ich, Kasperle, aber du darfst nicht wieder so böse werden!
Stier	Kasperle? Kasperle mit der roten Mütze? O nein, keine rote Mütze, die macht mich wütend. Buh, buh, buh!
Kasperle	Weißt du was, kleiner Stier, ich werde mir Gretels Kopftuch umbinden, dann siehst du meine Mütze nicht mehr. *(ab)*
Stier	Ich glaube, daß Kasperle doch ein ganz netter Junge ist.
Kasperle	*(mit Kopftuch)* Grüß Gott, kleiner Stier. Wollen wir zusammen spielen?
Stier	Spielen? Was denn?
Kasperle	Welche Spiele kennst du?
Stier	Kauen? Nein, das ist kein Spiel. Brüllen? Nein, das geht auch nicht. Rennen?
Kasperle	O ja, wir wollen rennen, wer am längsten aushält. Eins, zwei, drei. *(sie rennen)*
Stier	*(rennt über die Bühne)* Buh, buh, buh ...
Kasperle	Wunderbar geht das, ich werde bestimmt gewinnen. *(ab)*
Stier	*(rennt)* Buh, buh, buh!
Kasperle	War der Stier schon da? Ja? dann muß ich schnell sein. *(ab)*
Stier	*(rennt)* Buh, buh, buh.
Kasperle	O Mensch, bin ich müde. Ich muß etwas verschnaufen. Der Stier kann gut rennen, gelt? Aber er hat ja auch vier Beine, und ich nur zwei.
Stier	Buh, buh, buh. Machst du nicht mehr mit?
Kasperle	Nein, kleiner Stier, ich bin zu müde, ich kann nicht mehr. Bist du nicht auch müde?
Stier	Buh, buh, buh, nein, ich kann noch lange rennen. Ich habe gerade erst angefangen.
Kasperle	Dann mußt du einen anderen Freund suchen. Ich gebe auf.
Stier	Buh, dummer Mensch, du hast nur zwei Beine. Ich gehe zu meinen Freunden mit vier Beinen, die können gut rennen, du schleichst ja nur hinterdrein. *(ab)*
Kasperle	Höflich ist er nicht, aber er ist ja auch ein Stier. Aber was sehe ich im

Gras? Lauter Kleeblätter, und hier, hurrah! ein vierblättriges Kleeblatt. Seht ihr, vier Blätter, das bringt Glück, das nehme ich mit nach Hause und schenke es Gretel. Auf Wiedersehen, liebe Kinder.

Kasperle angelt

Kasperle   Guten Tag, liebe Kinder; das ist hier ein schönes Plätzchen, hier werde ich angeln. Das ist meine Angel und Gretel hat mir noch ein Tüchlein als Unterlage mitgegeben, damit ich mich draufsetze. Hier will ich mich hinsetzen, dann bekomme ich keinen nassen Hintern. *(breitet das Tuch aus und setzt sich hin zum Angeln)*
Es dauert schon lange, bis ich etwas fange. Holla, da hat etwas angebissen. Oh, wenn es so schwer ist, dann ist es bestimmt ein ganz großer Fisch; Menschenskind, muß ich ziehen! Jetzt sehe ich etwas Grünes – ach du liebe Zeit, was kommt denn da? *(Er zieht den Wassergeist hinauf)*

Wassergeist   Quah-ah-ah, quah-ah-ah, kannst du nicht sanfter mit mir umgehen. Jetzt ist ein großer Riß in meinem Schwanz, und ich werde einfach aus dem Wasser gezogen, und ich habe gerade so gut geschlafen. Wer hat denn das getan?

Kasperle   Bist du ein Frosch, ein Fisch oder ein Froschfisch oder was?

Wassergeist   Hast du mich herausgezogen, du kleines mickriges Menschenkind! Warte nur, ich freß dich auf!

Kasperle   Hilfe, ach lieber Froschfisch, ich konnte doch nichts dafür, ich wußte nicht, daß du an der Angel warst. Aber wer bist denn du?

Wassergeist   Ich bin der Wassergeist, und deine blöde Angel hat ein großes Loch in meinen Schwanz gerissen und deshalb freß ich dich auf!

Kasperle	Bitte nicht, lieber Wassergeist, davon wird dein Schwanz auch nicht wieder ganz. Weißt du was? Ich werde Gretel rufen, die näht dann deinen Schwanz mit Nadel und Faden wieder zusammen.
Wassergeist	Also, dann rufe sie nur!
Kasperle	Gretel! Gretel, komm bitte schnell und bring Nadel und Faden mit.
Gretel	Was ist passiert? Bist du ins Wasser gefallen? Und was soll ich mit Nadel und Faden? Was ist denn das für ein Ekel? Ein Frosch? Oder ein Fisch? Gruselig!
Wassergeist	Ich bin kein Ekel, sondern ein Wassergeist und Kasperle hat mich herausgezogen mit seiner Angel und meinen Schwanz zerrissen. Wenn du meinen Schwanz nicht wieder zusammennähst, freß ich Kasperle auf.
Kasperle	Hörst du, Gretel? Bitte, hilf mir, schnell!
Gretel	Jetzt hör mal gut zu, Wassergeist: Ich will dir gerne helfen, aber nicht, wenn du dauernd schimpfst und Kasperle bedrohst. Gib deinen Schwanz nur her und halt still, sonst pieke ich dich.
Wassergeist	Ja Gretel, ich werde ganz stillhalten, und bitte, pieke mich nicht!
Gretel	Also, noch zwei Stiche, und schau, dein Schwanz ist wieder ganz, und du kannst verschwinden.
Wassergeist	Du bist eine Frau, die mir gefällt, Gretel, willst du nicht meine Wasserfrau werden?
Kasperle	Jetzt hör auf, du alter Wassergeist. Gretel ist meine Frau, und sie bleibt meine Frau, und jetzt mach, daß du wegkommst, sonst werde ich böse!
Gretel	Hörst du das, Wassergeist? Ich bin Kasperles Frau. Aber sei doch mal lieb und gib mir einen kleinen Fisch, damit wir heute abend etwas zu essen haben.
Wassergeist	Warte nur, ich werde einen an deine Angel hängen. *(taucht unter)*
Kasperle	Das hast du fein gemacht, Gretel, jetzt bekomme ich doch noch etwas an meine Angel.
Wassergeist	*(ruft)* Zieh nur hinauf!

Kasperle und Gretel	Vielen Dank, Wassergeist, das ist ein guter Fisch, und jetzt kannst du ruhig weiterschlafen.

Kasperle und der Teufel

(Kasperle fürchtet sich nicht und stürzt sich tapfer in die Gefahr. Mit Erfolg!)

Gretel	Guten Tag, liebe Kinder, habt ihr Kasperle gesehen? Nicht? Dann ruft ihn mal, das hört er bestimmt. Kasperle!
Teufel	Hast du mich gerufen?
Gretel	Und wer bist denn du, du rote Rübe?
Teufel	Ich bin der Teufel, Gretel, und wohne in der Hölle, wo es schrecklich heiß ist.
Gretel	Weißt du was, Teufel, dann bring mir doch etwas Feuer aus der Hölle, denn mein Ofen ist ausgegangen und es wird kalt.
Teufel	Die hat keine Angst! Also gut, das werde ich tun. *(ab)*
Kasperle	Was war denn das hier für ein Krach? *(zu den Kindern:)* Habt ihr so geschrien und Gretel auch? Hier bin ich, was ist los, was soll ich tun?
Gretel	Der Ofen ist ausgegangen, und das Haus wird kalt, und du sollst den Ofen wieder anzünden, aber jetzt habe ich den Teufel weggeschickt, Feuer zu holen.
Kasperle	Was sagst du, holt der Teufel Feuer für dich, Gretel? Also, dann sei nur auf der Hut! *(ab)*
Teufel	Schau, Gretel, in dieser Schachtel habe ich glühende Kohlen aus der Hölle. Jetzt kannst du den Ofen anzünden, aber ich will etwas dafür haben, du mußt mich bezahlen.

Gretel	Du willst was von mir haben? Was denn?
Teufel	Ein Küßchen?
Gretel	Bist du verrückt? Ich küsse doch keine rote Rübe!
Teufel	Dann nehme ich dich mit! *(ab mit Gretel)*
Kasperle	Schön warm ist es hier. Ist das das Feuer aus der Hölle? Aber wo ist meine Gretel? Was sagt ihr? Hat der Teufel Gretel mitgenommen? Ich werde sie zurückholen, und dann verprügele ich ihn. Wo ist mein Stock? So, ich gehe. *(ab)*
Teufel	So, Gretel, ich laß dich nicht wieder gehen.
Gretel	Paß nur auf, wenn Kasperle hört, daß du mich geraubt hast, dann kommt er mich holen, und dann bekommst du Prügel, du wirst schon sehen!
Teufel	Er traut sich bestimmt nicht hierher.
Kasperle	*(ruft)* Gretel, wo bist du!
Gretel	Hier bin ich, lieber Kasperle, komm schnell und erlöse mich!
Kasperle	Heiß ist es hier! Sag mal, Gretel, warum heizen die hier so stark? Wo ist der Teufel?
Teufel	Hier bin ich, und jetzt mußt du auch hierbleiben.
Kasperle	Das denkst du nur! Ich werde mit dir kämpfen und Gretel wieder mit nach Hause nehmen.
Teufel	Dann komm!
Kasperle	Klatsch: mit diesem Stock, klatsch, um deine Hörner, klatsch, um deine Ohren.
Teufel	Aua, du schlägst so stark und hart, laß mich doch leben, Kasperle, dann dürft ihr beide wieder heimgehen, du und Gretel!
Kasperle	Gut, dann höre ich auf. Komm, Gretel, wir gehen nach Hause.
Gretel	O Kasperle, ich bin so stolz auf dich. Du hast mich erlöst, und jetzt bekommst du von mir ein Küßchen. Siehst du wohl, du häßliche rote Rübe! Kasperle bekommt meine Küßchen, und du mußt in der Hölle bleiben. *(ab)*

Kasperle geht ins Bett

(Dies ist eine Geschichte aus dem täglichen Leben: ins Bett gehen, rufen, etwas trinken wollen, klagen, weil es so dunkel ist, rufen und um einen Gute-Nacht-Kuß bitten. Am nächsten Morgen geht es weiter: aufstehen, waschen, Zähne putzen usw. Kasperle kann die Kinder auch fragen: «Putze ich meine Zähne so richtig?», während er offensichtlich falsch putzt. Dann brüllen die Kinder: Nein, falsch! Sie spüren ganz genau, was eigentlich gemeint wurde.)

Gretel Guten Tag, liebe Kinder, wißt ihr, wo der Kasperle ist? Er sollte jetzt endlich heimkommen, es ist schon spät und er muß ins Bett. *(ruft)* Kasperle!

Kasperle Warum schreist du so, Gretel? Da bin ich schon.

Gretel Du mußt ins Bett, es ist schon spät.

Kasperle Ach bitte, ich möchte noch etwas spielen.

Gretel Nein, morgen ist ein neuer Tag, jetzt ist es genug gewesen. Ich werde deine Decke holen, dann kannst du hier schlafen. *(ab)*

Kasperle Ich bin noch gar nicht müde, die Gretel ist doof.

Gretel *(mit Decke)* So, hier lege ich deine Decke hin, jetzt lege dich schon hin, so, und mache die Augen zu. Schlaf gut! *(ab)*

Kasperle Gretel! Gretel!

Gretel Ja, was ist?

Kasperle Es ist so dunkel. Wenn ich meine Augen schließe, ist alles dunkel.

Gretel Rede keinen Unsinn, Kasperle, das ist ja immer so. Gute Nacht!

Kasperle Gretel, Gretel!

Gretel Aber Kasperle, warum schläfst du denn nicht, warum schreist du so?

Kasperle Ich möchte noch was trinken.

Gretel Ich werde dir etwas Wasser bringen. *(ab, kommt mit Becher)* Da, trink ein Schlückchen, und dann bitte nicht mehr quengeln. *(ab)*

Kasperle	Jetzt will ich wirklich versuchen zu schlafen. *(richtet sich auf)* Wißt ihr, Kinder, warum ich nicht schlafen kann? Also, dann werde ich es euch erzählen. Meine große Zehe juckt, und meine Nase juckt, und ich bin gar nicht müde. Gretel!
Gretel	Soll ich dir denn wirklich den Hintern versohlen, Kasperle? Ich habe noch so viel Arbeit: waschen, flicken, bügeln, und du quengelst die ganze Zeit.
Kasperle	Nein, Gretel, nicht schlagen! Weißt du, was mir fehlt?
Gretel	Nein, was denn?
Kasperle	Du hast etwas vergessen.
Gretel	Was denn?
Kasperle	Kannst du es nicht raten?
Gretel	Du hast deine Decke, ein Schlückchen Wasser gehabt . . . und jetzt gehe ich wieder.
Kasperle	Bitte nicht, Gretel, ich brauche noch etwas, und sonst kann ich nicht schlafen. Kinder, wißt ihr, was ich noch brauche?
Gretel	Jetzt sag es schon.
Kasperle	Du muß mir noch einen Gute-Nacht-Kuß geben!
Gretel	Ach ja, da hast du recht. Also, da hast du einen, und jetzt will ich dich denn auch nicht mehr hören. *(ab)*
	(Kasperle legt sich hin.)
Sandmännchen	So, jetzt streue ich Sand in deine Augen. Schlafsand mit schönen Träumen. Schlaf gut, Kasperle. Sandmännlein schließt dir die Augen zu und wünscht auch den anderen Kindern eine gute Ruh. *(ab)*
	(Kasperle wacht auf.)
Gretel	Kasperle, Kasperle, alter Langschläfer, wach auf!
Kasperle	*(er gähnt)* Guten Morgen, liebe Kinder, guten Morgen, Gretel.
Gretel	Bist du noch so müde? Hast du gut geschlafen, und was hast du geträumt?
Kasperle	Ich habe wunderbar geschlafen, ich habe nichts geträumt.
Gretel	Oh, dann haben die Englein mit dir gespielt.

Kasperle	Stimmt das? Wie schön, und was haben sie denn mit mir gespielt?
Gretel	Was die Englein im Himmel spielen? Wahrscheinlich mit Murmeln oder mit dem Springseil, was meint ihr, Kinder?
Kasperle	Murmeln? Seilhüpfen?
Gretel	Könnt ihr auch seilhüpfen, Kinder?
Kasperle	Jetzt weiß ich's: sie spielen Fußball!
Gretel	Fußball? Können Engel Fußball spielen?
Kasperle	Darüber sollte Gretel einmal nachdenken. Inzwischen sause ich davon und spiele Fußball mit meinen Kameraden. *(ab)*
Gretel	*(denkt laut)* Nein, ich glaube doch nicht. Das macht zuviel Krach im Himmel; dort ist es still und schön. Oh, aber wo ist denn Kasperle geblieben? Wißt ihr, wo er steckt? Ist er weg? Was sagt ihr, ist er Fußball spielen gegangen? Aber so einfach geht das nicht. Er hat seine Zähne noch nicht geputzt, seine Haare nicht gekämmt und sich noch nicht gewaschen. Warte nur, Freundchen, dich hole ich mir zurück. *(ab und zurück mit Kasperle)* Da ist er, Kinder, der Struwwelpeter. Er wollte so aus dem Haus, aber das geht nicht. So, Kasperle, jetzt zeig mal den Kindern, daß du dich auch waschen kannst: erst die Hände, jetzt die Nase, die Schuhe bürsten, die Haare kämmen und die Zähne putzen *(schwer seufzend tut er alles);* und jetzt bist du fertig.
Kasperle	Das nenne ich arbeiten! Jetzt bin ich von der ganzen Putzerei so müde, daß ich gleich wieder schlafen könnte.
Gretel	So, Kasperle, jetzt kannst du spielen gehen: Murmeln, Seilhüpfen, und Ball. Aber komm bitte nicht zu spät zum Essen nach Hause.
Kasper	Tschüß, liebe Kinder, geht ihr auch spielen?

Kasperle und die Schlange

Kasperle Guten Tag, liebe Kinder, habt ihr Fiffi gesehen? Nein? Wißt ihr, wer Fiffi ist? Fiffi ist mein Hund. Ich bin mit ihm spazieren gegangen, und dann sah er eine Katze und dann – weg war Fiffi. Er kann Katzen nicht leiden und jagt sie in einen Baum. Aber jetzt ist mein Hund fort, und was ich auch rufe, er kommt nicht wieder.
Ich will mich hinsetzen und überlegen, was ich tun soll. *(sitzt und denkt nach)* Oh, jetzt weiß ich es schon. Ich hole eine große Wurst. Die lege ich hierhin, und wenn Fiffi die riecht, kommt er bestimmt, er mag Wurst sehr gerne. *(ab) (kommt mit Wurst.)* So, die ist lecker. Ich lege sie hier hin, und dann gehe ich schnell die Hundeleine suchen, die habe ich auch verloren.

Schlange Ich bin die Schlange, die hier in einer kleinen Höhle wohnt, und jetzt rieche ich einen herrlichen Duft, was mag das sein? Was liegt dort für ein Tier? Ich schau mal nach, ach nein, es ist kein Tier, es hat diesen herrlichen Duft, es ist eine Wurst. Wem mag sie wohl gehören? Mal riechen, mmm, wunderbar. Mal schlecken, mmm, wunderbar; mal probieren. Oh, die nehme ich mit in meine Höhle und esse sie dort. *(ab mit Wurst)*

Kasperle Wo ist denn die Wurst geblieben? Was sagt ihr, hat die Schlange sie mitgenommen? Aber man darf doch nicht einfach etwas mitnehmen, was einem anderen gehört? Was soll ich jetzt machen? Wie bekomme ich die Wurst und Fiffi wieder?

Gretel Kasperle, ich warte schon lange auf dich, wo bist du geblieben, und wo ist der Hund?

Kasperle Ach, Gretel, alles ist schiefgegangen: Fiffi ist weggelaufen, und als ich ihn mit einer Wurst zurückholen wollte, hat die Schlange die Wurst mitgenommen.

Gretel Also, da muß etwas geschehen. Ich werde einmal mit der Schlange reden. Geh du nur weg, vor dir hat sie Angst. *(Kasperle ab)*

	Schlange, Schlange, kriech aus deinem Loch, sonst zertrete ich dich noch!
Schlange	Sssssch! Wer wagt hier ein solches Lied zu singen? Wer bist du?
Gretel	Ich bin die Gretel, und du bist ein Wurstdieb.
Schlange	Ach, ist das deine Wurst? Ich kann nichts damit anfangen, sie ist viel zu groß für mein Maul, sie riecht gut, aber ich kann sie nicht verschlucken.
Gretel	Das ist deine gerechte Strafe, alter Wurstdieb, die Wurst gehört dir ja auch nicht. Bring sie nun schnell wieder.
Schlange	Warum?
Schlange	Weil sie dir nicht gehört. Wenn du es nicht tust, dann singe ich ein Lied von einer Schlange, die ein Wurstdieb ist, und das singen alle Kinder dann jeden Tag.
Schlange	Ach nein, bitte nicht, warte nur. *(ab)*
Gretel	Seht ihr, die Schlange hat Angst, daß sie ausgelacht wird.
Schlange	Hier ist die Wurst, Gretel *(legt sie hin),* ich verziehe mich schnell wieder in meine Höhle. *(ab)*
Gretel	Kasperle! Helft ihr mir rufen, Kinder? Kasperle! Da kommt er.
Kasperle	Sieh da, die Wurst ist wieder da! Aber jetzt Fiffi noch. Wir wollen ihn alle zusammen rufen: Fiffi!
Fiffi	Wau, wau, da bin ich. Oh, ist das eine Wurst für mich? Das ist herrlich, ich werde sie mit nach Hause nehmen und dann esse ich, happ, die ganze Wurst mit Haut und Haar auf. Lecker!
Kasperle und Gretel	So, liebe Kinder, Fiffi ist wieder da, aber jetzt muß er eine ganze Woche lang an der Leine spazierengehen. Und wir gehen nun alle munter nach Hause. Auf Wiedersehen!

Wir basteln die Puppen und bauen eine Bühne

Kasperle aus Papier

Damit wir für die Kleinsten schon einige Szenen spielen können, basteln wir zuerst einmal ein Kasperle aus einem papierenen Frühstücksbeutel. Aus einer braunen papierenen Obsttüte können wir, mit Hilfe einer Wäscheklammer, auch gut eine gefährliche Schlange oder einen Drachen entstehen lassen. Wir malen Kasperle oder die Augen des Drachen einfach auf das Papier (Abb. 6 – 10).

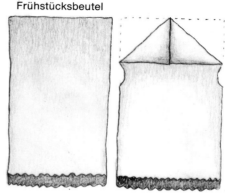

Frühstücksbeutel

Abb. 6 Abb. 7

Öffnungen für Daumen und Mittelfinger

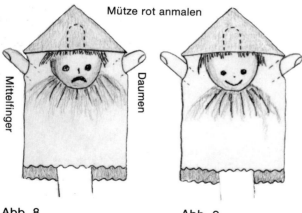

Mütze rot anmalen

Mittelfinger Daumen

Abb. 8
Kasperle weint

Abb. 9
Kasperle lacht

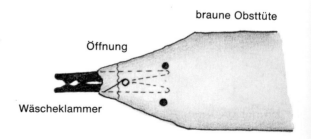

braune Obsttüte

Öffnung

Wäscheklammer

Abb. 10
Drachen oder Schlange

Kasperle als Stockpuppe

Material:
Eine Kugel aus Holz oder Kork – Durchmesser etwa 7 cm (aus dem Bastelgeschäft).
Ein runder Holzstab – etwa 30 cm lang und 1½ cm dick.
Ein Stück Stoff, Baumwolle, etwa 25×80 cm.

Wir bohren ein Loch in die Kugel, so weit, daß der Stock bequem hineinpaßt.
Über den Stock legen wir die Mitte des Stoffes, und die Kugel (der Kopf) wird daraufgedrückt. Auf die Kopfkugel können wir das Gesicht zeichnen oder malen, Haare kleben (z. B. aus weißer oder brauner ungesponnener Schafwolle) und eine Mütze setzen (z. B. ein abgeschnittener Wollstrumpf) je nach Charakter der Puppe. Die Händchen können wir eventuell mit einem Faden abbinden.
Mit einem anderen Stoff oder einer anders bemalten Kugel entsteht eine Puppe mit anderem Charakter (Abb. 11 und 12).

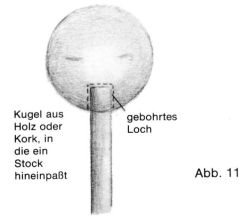

Kugel aus Holz oder Kork, in die ein Stock hineinpaßt

gebohrtes Loch

Abb. 11

Gesicht anmalen

Stoff über den Stock legen, dann Stock in das Loch der Kugel stecken

Abb. 12

Kasperle als Handpuppe

An Stelle des Stabes können wir auch eine kleine Röhre in das Loch der Kugel stecken. Die Röhre, aus einer halben Postkarte gedreht, muß so weit sein, daß der oberste Teil des Zeigefingers hineinpaßt. Das Loch in der Kugel sollte dazu etwas weiter gebohrt werden.
Um das Röhrchen ziehen wir die Halsöffnung, die wir mitten in den Stoff (80×25 cm) geschnitten haben, zusammen.
Zwei offene Händchen, links und rechts, nähen wir an beide Seitenteile, so daß wir Daumen und Mittelfinger hineinstecken und darin bewegen können. Unterhalb der Händchen die Seitennähte schließen, nun haben wir schon eine echte Handpuppe, sie braucht nur noch ein Gesicht und Haare (Abb. 13 und 14).

Abb. 13

Abb. 14

Kasperle aus weichem Trikotstoff

Material:
Ungesponnene Schafwolle
Trikotstoff (altes Unterhemd, das wir teilweise hellrosa färben)
Stoffrest
Gute Sport- oder Mohairwolle für die Haare

Der Kopf:
Ein Teil der zerrupften Schafwolle wird in ein Stück weißen Trikotstoff gestopft, zu einer festen Kugel geformt und dann abgebunden (Abb. 15).
Etwa an der Stelle des Ohrs befestigen wir einen festen Faden, der ein- bis zweimal horizontal (waagerecht) um den Kopf gewickelt wird. Dann wird der Faden straff angezogen (er soll den Kopf gleichsam in zwei Teile trennen) und an der Stelle des anderen Ohrs befestigt (Abb. 16).
Den Hinterkopf bilden wir dadurch, daß wir die eine Hälfte des horizontalen Fadens bis 1 cm über dem Halsfaden hinunterschieben (Abb. 17).
Aus glattem hautfarbenem Trikot schneiden wir ein Stück und beziehen damit den Kopf (Abb. 18). Den Stoff über das Gesicht legen und auf der horizontalen Linie über den Augen gut eng anliegen lassen. Den Trikotstoff hinten zusammennähen und am Hals wieder abbinden. Den Faden im Stoff vernähen (Abb. 19).
Die Stelle der Augen wird zunächst mit Stecknadeln angedeutet, dann vom Ohr oder vom Hals aus zu einem der Augen durchstechen – links oder rechts von der Stecknadel – und wieder zurück. Mit einem blauen Farbstift können wir die Augen nachzeichnen. Der Mund wird mit einem roten Stift angedeutet und bildet

Abb. 15

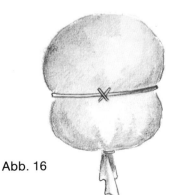
Abb. 16

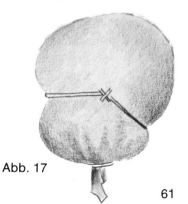
Abb. 17

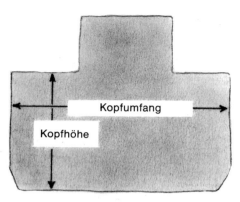

Abb. 18

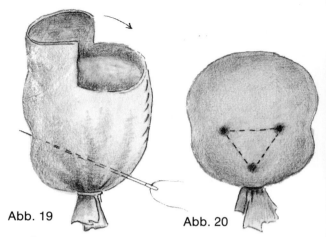

Abb. 19   Abb. 20

mit den Augen ein gleichseitiges Dreieck (Abb. 20).
Augen und Mund brauchen nur angedeutet zu werden, die Phantasie des kleinen Kindes tut das Übrige.
Jetzt gibt es zwei Möglichkeiten, die Puppe fertig zu gestalten: a) mit einer Röhre als Handpuppe; b) als Stockpuppe.

a) Man zieht 1 cm unter dem Halsfaden einen Faden sowohl durch den inneren Stoff als auch durch den Bezug.
Man bohrt mit dem Finger ein Loch unten am Kopf in die Wolle und schneidet den inneren Stoff 1 cm vom Halsfaden, den Bezugstoff 2 cm vom Halsfaden ab. Den äußeren Trikotrand nach innen verstürzen, damit der Hals rundherum sauber verarbeitet ist. Durch den unteren Rand einen Faden ziehen, wodurch der Hals die Form einer Röhre bekommt.
Das fertige Kleidchen nähen wir oberhalb des Halsfadens fest. Die Öffnung für die Händchen wieder frei lassen, wie bei Abb. 14, damit die Finger hineingesteckt werden können.
Der Charakter der verschiedenen Gestalten wird durch den Kopfputz, z. B. einen Bart, einen Hut, eine Krone, und durch die Farben der Kleidung angedeutet (Abb. 21).
b) Der ganze Stoff unterhalb des Halsfadens wird zu einer länglichen steifen Rolle gedreht und möglichst fest vernäht, so daß eine Art Stab entsteht, an dem die Puppe festgehalten und bewegt werden kann. Die Händchen werden mit Schafwolle gefüllt und abgebunden (Abb. 22), die Kleider werden wie bei a) oberhalb des Halses festgenäht.

Abb. 21   Abb. 22

Die Haare

Wollfäden werden nebeneinander um einen Pappstreifen gewickelt, der ein klein wenig breiter ist als der Abstand zwischen Stirn und Haarwirbel am Hinterkopf (Abb. 23). Die Fäden werden an den Seiten durchgeschnitten und in der Mitte – als Scheitel – auf ein Bändchen gesteppt (Abb. 24). Dieses Bändchen wird von vorne nach hinten auf den Kopf geklebt oder festgenäht (Abb. 25). Die Haare können an den Backen nach hinten gelegt werden, zu einem Knoten gedreht, geflochten oder einfach kurz geschnitten werden (siehe auch Abb. 26).
Statt Wollfäden können wir auch Flachs nehmen, der im Bastelgeschäft in verschiedenen Farben zu kaufen ist.
Für einen Pferdeschwanz oder einen Krauskopf wählen wir den Haarwirbel als Mittelpunkt und spannen von dort aus die Fäden um den Kopf bis dorthin, wo der Haaransatz am Gesicht ist. Zuerst mit einzelnen Fäden den Kopf in gleiche Teile teilen. Am einfachsten ist es, diese Abteilungen einzeln aufzufüllen (Abb. 27 bis 30).
Für Zöpfe wählen wir einen Punkt etwas unterhalb der Ohren (Abb. 32) und malen zuerst mit Bleistift einen Scheitel (nicht zu stark). Dann vom Ohr bis zum Scheitel lange Fäden spannen. Nicht alle Fäden reichen ganz nach unten bis zum Ohr, sonst würde das Haar an dieser Stelle zu dick werden. Dann nähen wir noch einzelne Fäden zwischen die vorigen, wobei der Faden durch sich selbst zurückgesteckt oder vernäht wird, damit er festsitzt.
Für die Haare können wir auch braune oder weiße Schafwolle nehmen, die auf den Kopf geklebt oder genäht wird.

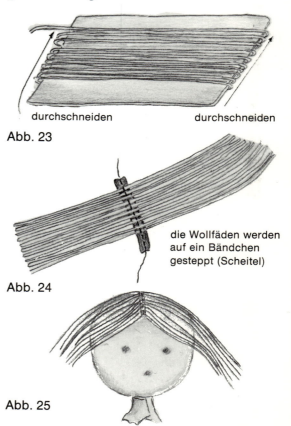

durchschneiden   durchschneiden

Abb. 23

die Wollfäden werden auf ein Bändchen gesteppt (Scheitel)

Abb. 24

Abb. 25

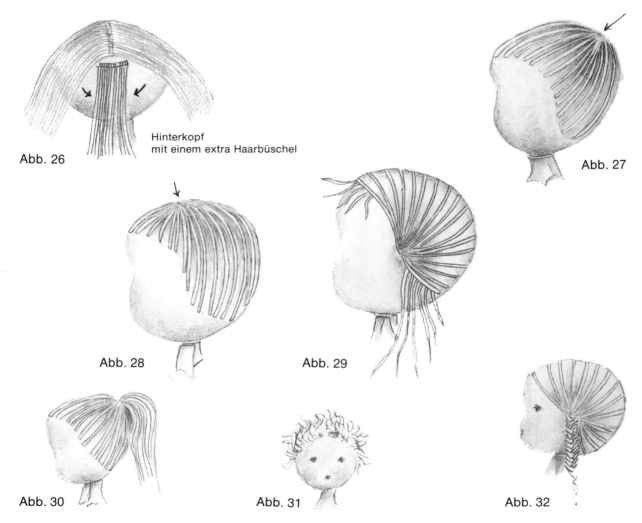

Abb. 26 — Hinterkopf mit einem extra Haarbüschel

Abb. 27

Abb. 28

Abb. 29

Abb. 30

Abb. 31

Abb. 32

Puppenköpfe aus Pappmaché

Material
1 Flasche
1 Stöckchen, etwa 5 cm länger als die Flasche, um darauf zu arbeiten
2 Stück feste Pappe
Plastilin (Modelliermasse, die nicht hart wird)
1 Rolle Klosettpapier
1 Päckchen kaltlöslicher (Hoffmanns) Ideal-Feinstärke für Textilien
2 bis 3 verschiedene Spatel zum Modellieren
1 Küchenmesser
1 Postkarte, 10,5 × 15 cm
1 breiter Pinsel
1 feiner dünner Pinsel
Plakatfarben
Klarlack

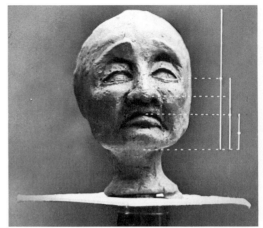
Abb. 33

Abb. 34

1. Zuerst bauen wir eine Arbeitsplatte, die man drehen kann, damit wir die Arbeit immer von allen Seiten betrachten können. Wir legen die Pappe auf den Flaschenhals, stecken einen Stock hindurch bis auf den Boden der Flasche, so daß der Stock etwa 5 cm über die Pappe hinausragt.
2. Darauf stecken wir eine Kugel aus Plastilin und bauen den Kopf so auf, daß wir zunächst nur auf die richtigen Größenverhältnisse achten. Der Kopf muß richtig hoch auf dem Hals

Abb. 35

Abb. 36

stehen, Kinn, Nase und Stirn nach vorne und ein gut nach oben zulaufender Hinterkopf. Die Gesamthöhe sollte etwa 11 cm sein. Der Kopf muß immer gedreht werden, damit die Gesichtszüge plastisch werden und nicht ein flaches Gesicht auf einer runden Plastilinkugel entsteht. Die Augen liegen immer genau auf mittlerer Höhe des Kopfes, die Nase in der Mitte zwischen Augen und Kinn und der Mund wieder zwischen Nase und Kinn, die Ohren auf der Höhe der Nase (Abb. 33).

Unten am Hals machen wir einen breiteren Rand, daran werden nachher die Kleider befestigt. Man achte vor allem auf die sorgenvollen Gesichtszüge bei Gretel; sie wird ein wenig verhärmt aussehen, wenn ihre kleinen Mundwinkel herabhängen und die Linien zwischen Backen, Mund und Kinn ziemlich scharf nach unten verlaufen. Auch sind ihre Augen nicht sehr groß, wodurch sie etwas spießig aussieht. Weil nachher eine dünne Schicht Papier darüberkommt, die alle Linien etwas verwischt, sollten die Akzente übertrieben und deutlich angelegt werden (Abb. 34).

3. Sind wir zufrieden mit Gretel, dann rühren wir einen Stärkebrei mit kaltem Wasser an, nicht zu dünn, nicht zu dick, zerschnippeln Klosettpapier (Schnipsel etwa 2 cm) und fangen an, Schnipsel nach Schnipsel mit der Stärke auf den Tonkopf zu kleben. Auf die Stellen von Augen, Nase und Mund legen wir kleine

Schnipsel (etwa 1 cm). Alles sollte gut feucht sein, damit die Schnipsel ein zusammenhängendes Ganzes werden und das Papier sich genau den Formen des Plastilins anschmiegt (Abb. 35 und 36). Zuweilen helfen wir mit Spatel oder Messer nach, um die Formen richtig scharf zu behalten. Wenn wir den ganzen Kopf mit einer Schicht Stärke und Papier bedeckt haben, fangen wir mit der zweiten Schicht an; gut achtgeben, wo wir anfangen und wo wir schon waren. So können wir etwa fünf bis sechs Schichten kleben, ohne daß die scharfen Linien sich zu sehr verwischen (Abb. 37). Dann muß das Papier trocknen.

4. Sobald das Papier trocken und hart ist, kann der Kopf mit einem großem Messer oder einer feinen Säge längs durchgeschnitten werden (Abb. 38).

5. Die Knetmasse kann jetzt aus den beiden Hälften gekratzt werden (Abb. 39).

6. Jetzt formen wir aus einer halben Postkarte ein Röhrchen. Dazu schneiden wir sie der Länge nach mittendurch und rollen sie so weit auf, daß unser Zeigefinger bequem zu etwa zwei Dritteln hineinpaßt (etwa 5½ cm hoch), kleben sie mit Tesafilm fest und vernähen sie mit einigen Stichen. Dann kleben wir mit der Stärke einige Schichten Klosettpapier drumherum. Wir können das Papier um das Röhrchen wickeln und jede Schicht mit Stärke einreiben, allerdings so, daß ein Ende trocken hervorragt;

Abb. 37

Abb. 38

Abb. 39

Abb. 40

Abb. 41

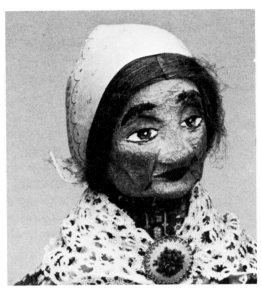

Abb. 42

her nicht mehr sieht). Dann trocknen lassen (Abb. 41).

9. Schließlich wird die andere Hälfte der Fransen an der zweiten Halshälfte nach außen gelegt und mit Stärke festgeklebt (Abb. 41), damit das Röhrchen gut festsitzt. Der Hals wird noch ein wenig mit Papier und Stärke nachgearbeitet und soll dann trocknen.

10. Jetzt ist Gretel fertig und kann angemalt werden. Sie hat ein etwas gelbliches Inkarnat (Hautfarbe), wodurch sie ein wenig verhärmt aussieht (Abb. 42).

Farben: eine Mischung aus Weiß, Siena naturel und etwas Rot – eventuell etwas Gelb.

Ein Kopf aus Pappmaché ist federleicht und erzielt eine lebhafte Wirkung durch die helle, unregelmäßige Struktur des Materials. Gretel, Großmutter und König wurden so hergestellt.

dieses Ende schneiden wir ein, so daß Fransen entstehen (Abb. 40). Dann trocknen und hart werden lassen.

7. Das geklebte Röhrchen wird jetzt in den Hals der Kopfhälfte gelegt, die Fransen werden auf einer Seite mit Stärke eingerieben und nach außen um den Halsrand gelegt.

8. Beide Kopfhälften werden nun aneinandergelegt und mit Stärke und Schnipseln wieder zusammengefügt (so, daß man die Stelle hinter-

Puppenköpfe aus Plastika

Material:
1 Paket Plastika (Modelliermasse, die hart wird; für 3 bis 4 Köpfe)
1 Arbeitsplatte (siehe Punkt 1, Seite 58)
1 Postkarte 10 × 15 cm
Plastiline
Spateln
Plakatfarbe
Pinsel

Plastika ist in Bastelgeschäften erhältlich und muß mit Wasser verknetet werden. Es ist ein moderner Werkstoff, aus dem wir unmittelbar den Kopf modellieren können. Wenn es getrocknet ist, läßt es sich schnitzen oder sägen wie Holz, es können auch Teile wieder zusammengeklebt werden. Mit Sandpapier wird es schön glatt geschmirgelt.
Weil der Kopf leicht sein sollte, unterbauen wir ihn folgendermaßen:

1. Wir nehmen wiederum eine Postkarte, schneiden sie der Länge nach mittendurch und drehen aus beiden Hälften je ein Röhrchen.
2. Eines der Röhrchen setzen wir auf unsere Arbeitsplatte.
3. Um das Röhrchen legen wir eine Kugel Plastilin (das ist die Füllung des Kopfes) und bringen das Ganze auf eine Höhe von etwa 10 cm; schon jetzt achten wir darauf, Hals, Kinn, Gesicht und Hinterkopf im richtigen Verhältnis zu bilden.
4. Aus der angemachten Modelliermasse formen wir auf dem Tisch flache Platten (z. B. mit einem Teigroller) (Abb. 43) und legen diese mit Messer oder Spatel von unten nach oben wie eine Schale um die Form (Abb. 44 und 45).
Um die Plastikateile gut zusammenzufügen, müssen wir das Material schön feucht halten, sonst zerbröckelt es und fällt auseinander, es knetet sich nun einmal schwerer als Plastilin.
5. Jetzt bringen wir mehr Plastika an die Stellen, wo Kinn, Wangen, Nase und Stirn entstehen sollen (Abb. 46). So arbeiten wir an dem Kopf, bis Kasper zum Vorschein kommt (Abb. 47). Die Augen sollen kindlich, sehr groß sein. Der Mund kann kaum groß genug sein und schiebt die Bäckchen im Lachen weit hinauf; das Kinn ragt weit hinaus, die Nase ebenso. Man betrachte, wenn man Puppengesichter formt, einmal die Menschen um einen herum genauer; oft wissen wir gar nicht, wie ein Gesicht gestaltet ist, weil wir nicht genau hinsehen. Schließlich lassen wir den Puppenkopf trocknen.
6. Wenn der Kopf trocken und hart ist, sägen wir ihn mittendurch, der Länge nach (Abb. 48). Wir kratzen das Plastilin heraus und entfernen die zwei durchgesägten Hälften des Röhrchens, das nur zur Größenbestimmung diente.

Abb. 43

Abb. 44

Abb. 45

Abb. 46

7. Wir nehmen das zweite Röhrchen und kleben es, z. B. mit Uho, in die eine Hälfte des Halses, wo das vorige Röhrchen war (Abb. 49). Wenn es gut festklebt, dann kleben wir den Hinterkopf an die vordere Seite an, lassen ihn trocknen und arbeiten die Nähte mit Plastika nach, damit sie unsichtbar werden. Auch den Rand des Halses können wir nötigenfalls damit noch korrigieren.
8. Schmirgeln.
9. Anmalen. Kasper hat eine zartrosa, blühende, kindliche Hautfarbe und rote Bäckchen (Abb. 50).

Wie drückt man die verschiedenen Charaktere aus?

Der Gendarm
Eckige Linien, die Backen ziehen sich straff und kantig bis zum Kiefer hinunter, dicker Schnurrbart und buschige Augenbrauen, tiefliegende Augen, ziemlich breite Nase, unebenes Gesicht (nicht schmirgeln). Hautfarbe: kräftig braungebrannt.

Petrus
Weiche Züge, volle, runde Backen, große Augen (aufblickend gemalt), kräftige Nase, volle

Abb. 47

Abb. 48

Abb. 49

Abb. 50

Lippen im Krausbärtchen – Hautfarbe: blaß und gelblich, nicht geschmirgelt.

Teufel
Schräge, spitz zulaufende Augen, dreieckiges Gesicht, lange Hakennase, spitze Ohren, herabgezogener Mund, Falten am Mund und Kinn, Hörner. Farben: Rot und Schwarz.

Tod
Das geschmirgelte Plastika hat selber eine tote Knochenfarbe und braucht fast keine Farbe. Runder Schädel, tiefe, runde Augenhöhlen.

Großmutter
Kleines, rundes Gesicht, wäßrigblaue Augen, die ein wenig schräg nach unten gezogen sind, schmales Mündchen, schlaffe Bäckchen, Falten an Mund und Nase, rundes Kinn. Runzelige Haut. Haare aus weißer Schafwolle mit Mittelscheitel.

König
Griechisches Profil, lange, gerade Nase, die in die Stirn übergeht, ziemlich kleiner Mund, nicht zu große Augen. Zwei tiefe Falten an Backen, Nase und Mund entlang. Langer Bart. Hautfarbe: blaß.

Kleidung

Material
Stoffreste, rosa Filz, Spitzen, Perlen, Bänder, Knöpfe usw.

Material und Farbe der Kleidung bestimmen den Charakter. Durch den Hals des Kleiderschnittes kann man einen (Hut-)Gummi ziehen, damit die Kleider gewechselt werden können. Hals und Ärmel können nach Wunsch auch

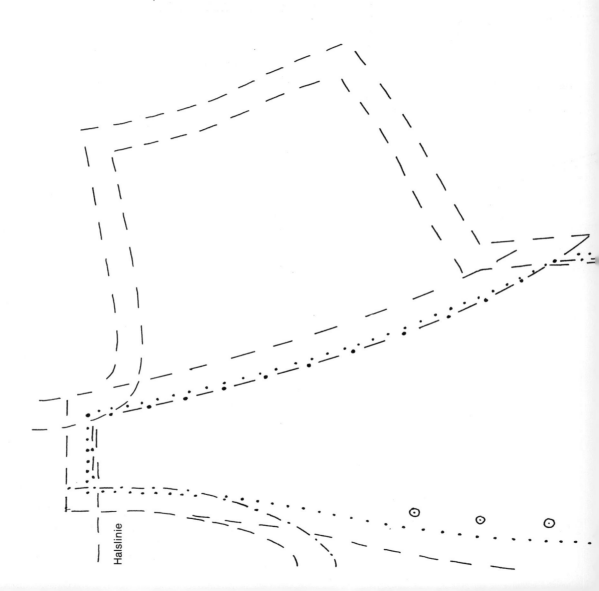

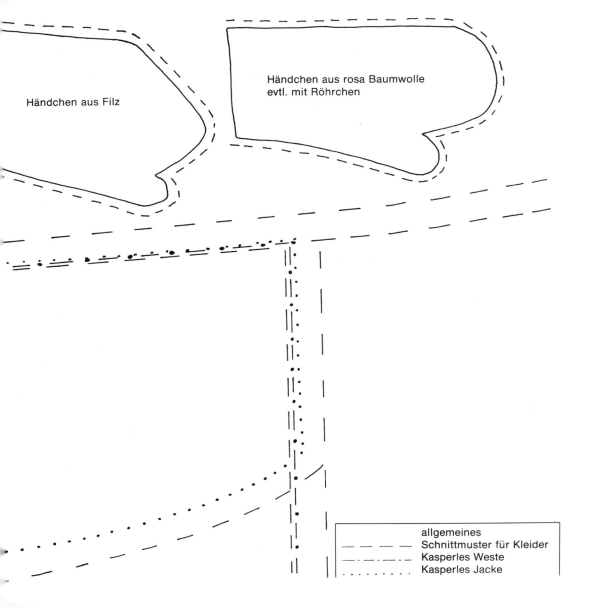

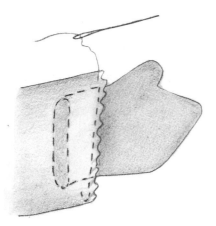

Abb. 51

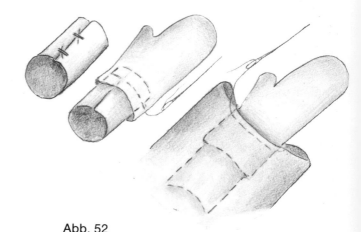

Abb. 52

etwas kürzer genommen werden. Kasperles Hose mit den Wadenbeinen (mit weißem Trikot überzogen) und den Schuhen nähen wir unten an sein weißes Hemd oder an sein Unterkleid. Die Schuhe sind aus Plastika (angemalt) oder, damit sie leichter sind, aus weißem Trikot, mit Schafwolle ausgestopft. Auch Schuhe aus Leder sind möglich. Dazu nähen wir dem Hemd eine doppelte Vorderseite, damit es durch das Gewicht der Beine nicht zu sehr ausbeult. Darüber fallen Weste und Jackett. Die Hose besteht aus zwei geraden Stoffstreifen, die um die Wadenbeine zusammengezogen werden (Knickerbocker). Wenn die Kleidung während des Spielens perfekt «sitzen» soll und wir ein Maximum an Bewegungsfreiheit für unsere Hände brauchen, dann müssen wir zuerst eine Art Unterkleid nähen, das locker und glatt über die Hand des Puppenspielers fällt. An diesem Unterkleid werden dann die anderen Kleider festgenäht. Der Schnitt auf Seite 76 ist geeignet für eine mittlere Puppe, man kann ihn natürlich abändern. Er ist so gezeichnet, daß er mit und ohne Unterkleid zu verwenden ist.

Händchen in Form kleiner Fäustlinge
Material
Dünner rosa Filz oder Baumwolle.
Die Händchen festnähen an die Ärmel.

Die größte Beweglichkeit mit der Puppe erreichen wir, wenn unsere Finger ganz in den Händchen stecken, als Verlängerung des Ärmels. Wir können dann auch greifen (Abb. 51). Wenn wir Röhrchen in die Händchen einnähen, dann können die Arme länger erscheinen. Wir müssen die Händchen selber dann mit etwas weicher Schafwolle auffüllen (Abb. 52).
Wenn wir ein Röhrchen in den Händchen befestigen wollen, dann rollen wir ein Stück Pappe oder Leder auf, so daß unser Daumen hineinpaßt (wir müssen links und rechts mit der Puppe spielen können). Dann nähen wir das Röhrchen etwas konisch schmal zulaufend mit einigen Stichen fest. Wir schieben jetzt den Ärmelteil des Händchens etwas darüber und steppen rundherum fest. Dann nähen wir das ganze innen an den Ärmel. Wir nähen einen Gardinenring unten an das Puppenkleid, damit wir die Puppe umgekehrt aufhängen können. Dann können wir während des Spiels leicht mit der Hand hinein- und herausschlüpfen und die Puppen wechseln.

Tiere und andere Wesen

Tierköpfe können wir, außer mit Pappmaché oder Plastika, auch ganz gut mit Gipsstreifen überdecken. Eine Rolle Verbandsmull, mit Gips präpariert, kaufen wir in der Apotheke. Die Technik bleibt die gleiche, die wir schon beschrieben haben. Gips ist nur gröber und schmiegt sich nicht so genau an. Deshalb ist er nicht für zarte Gesichter geeignet. Aber die Arbeit geht schnell, weil man nur wenige Schichten braucht, und sie halten gut zusammen.

Fiffi
Fiffi können wir aus Plastika basteln. Wenn wir recht geschickt sind, können wir sogar eine Wäscheklammer einbauen, mit der man das Maul auf- und zuklappen kann.
Als Fell ziehen wir z. B. den Ärmel eines alten Mantels um seinen Hals, schneiden zwei Löcher an der Stelle von Daumen und Zeigefinger hinein und nähen zwei gerade Pfoten daran, um die Finger hineinzustecken.

Der Vogel
Den Vogelkopf plastizieren wir ebenfalls um ein Röhrchen herum. Er ist so klein, daß er nicht hohl zu sein braucht. Die Flügel bewegen sich (siehe Abb. 53 und Schnitt auf Seite 80) auf und ab, weil wir die Hand mit dem Handrücken nach

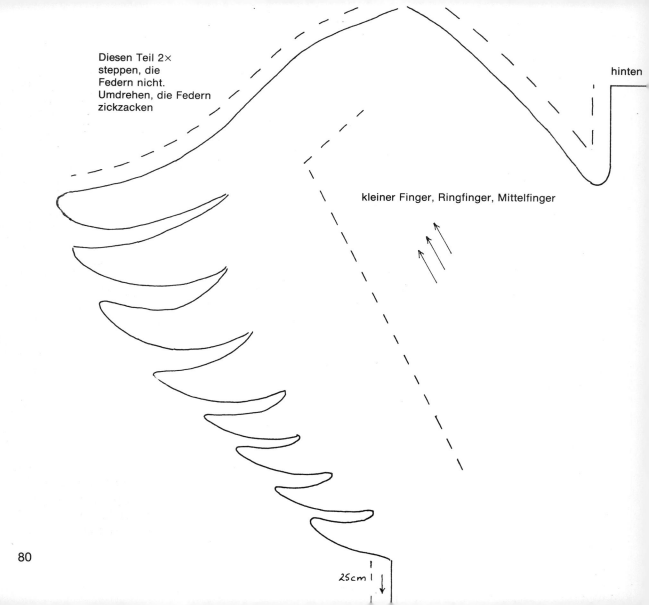

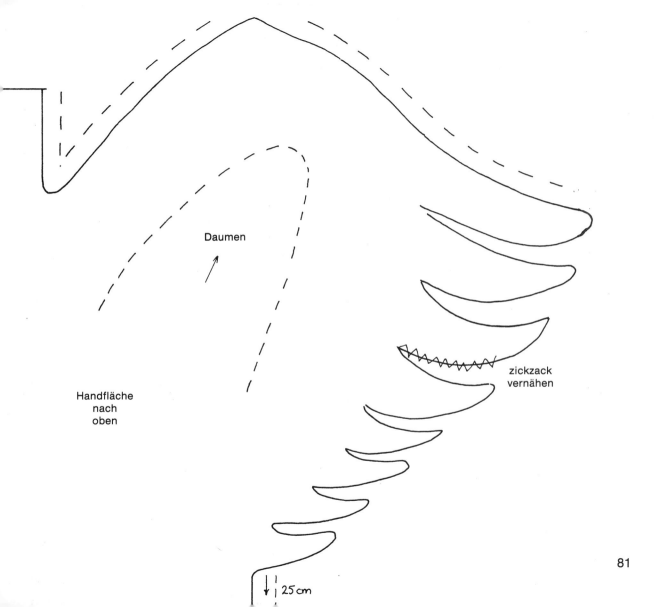

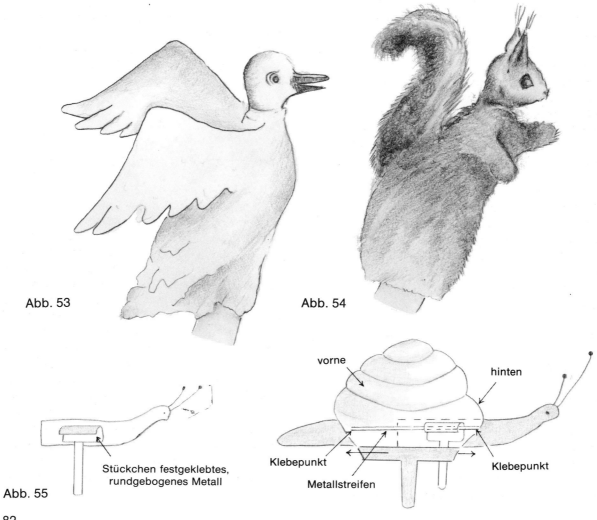

Abb. 53

Abb. 54

Abb. 55

Stückchen festgeklebtes, rundgebogenes Metall

vorne — hinten

Klebepunkt — Metallstreifen — Klebepunkt

vorne hineinschieben. Der Handrücken ist die Brust des Vogels.

Das Eichhörnchen
Der Kopf wird wieder modelliert. Das Fell nähen wir z. B. aus einem alten Pelzmantel (vorne zwei Öffnungen hineinschneiden). Daran nähen wir zwei Pelzfüßchen. Hinten nähen wir einen großen Schwanz fest, der mit Draht verstärkt ist (Abb. 54).

Die Schnecke
Die Schnecke zeichnen wir auf Pappe und schneiden sie aus. Der Kopf mit dem Hals wird gesondert angefertigt. Auf der Rückseite der Schnecke wird ein langer, dünn geschnittener Metallstreifen festgeklebt, worauf der Kopf der Schnecke an einem Metallhaken hin- und hergeschoben werden kann (Abb. 55).

Der Wassergeist
Den Wassergeist kann man sich als ein froschartiges Wesen vorstellen, mit geheimnisvollen, grünen, blauen und grauen Schleiern behangen.

Der Drache
Er entsteht aus einem Strumpf mit zwei Knöpfen als Augen; Daumen in der Ferse, vier Finger in den Zehen. Oder aus einem grünen Schal, um eine «große» Wäscheklammer gewickelt, mit Perlen als Augen, Zähnen aus Papier und einer Zunge aus Filz. Der Schal ist der Schwanz. Ein Rachen aus zwei Sperrholzbrettchen mit einem Scharnier klappert auch ganz schön.

Wie bauen wir eine Puppenbühne?

Das einfachste Kasperle-Theater ist in einer Türöffnung (Abb. 56).
Für diejenigen, die selber eine echte Bühne bauen wollen, folgt hier eine Anleitung.
Die Bühne kann aus Sperrholz (Birkensperrholz) gebaut werden, sie ist leicht, bequem und schnell aufzuräumen, aufzubauen und eventuell zu transportieren (Abb. 57 und folgende).
In dieser Bühne können eine oder zwei Personen stehend oder sitzend spielen. Der Kasten besteht aus zwei dreiteiligen Wänden, die aufeinander stehen, und einem losen Dach. Der Kasten kann zwischen Schiebetüren oder frei im Zimmer aufgestellt werden. Am schönsten ist es, wenn wir von den Seiten der Bühne bis zu den Wänden des Zimmers Vorhänge spannen (von Haken an den Ecken e und b Schnüre zur Wand spannen und Vorhänge daran aufhängen).

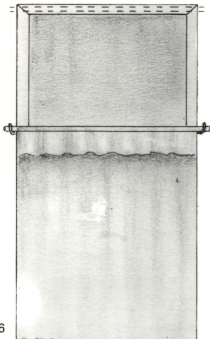

Abb. 56

Material

2 Stück Sperrholz	57×99 cm (Seitenteile)
2 Stück Sperrholz	57×90 cm (Seitenteile)
1 Stück Sperrholz	120×99 cm (Vorderseite)
1 Stück Sperrholz	120×90 cm (Vorderseite)
1 Stück Hartfaserplatte	120×80 cm (Dach)
1 Stück Hartfaserplatte	120×10 cm (Dachgiebel, R–S–T; vgl. Abb. 57)
1 Stück Sperrholz	120× 9 cm (Blende, V–W)

Ringsherum an den Rändern der Bretter Leisten von 3×1 cm mit Holzleim und Schrauben anbringen (Abb. 58).

4 Leisten × 99 cm (Seitenteile)
4 Leisten × 90 cm (Seitenteile)
8 Leisten × 51 cm (Vorderseiten)
4 Leisten ×120 cm (Vorderseiten)
2 Leisten × 84 cm (Vorderseiten)
2 Leisten × 93 cm (Vorderseiten)
2 Leisten ×120 cm (Dach)
2 Leisten × 74 cm (Dach)
2 Klötzchen 6×6×3 cm (u, Dach)
2 Leisten 3×1×114 cm (o' und m', zur Unterstützung der Brettchen o und m)

Außerdem:

2 Leisten 13 cm (n, zur Unterstützung von Brettchen o)

Der obere Teil des Kastens kann auch auf einen rechteckigen Tisch oder Schreibtisch gestellt werden. Dann brauchen wir den unteren Teil nicht. Der Spieler sitzt dann hinter dem Tisch, während die beiden Seitenwände des Kastens etwas über den Tischrand ragen. Ein Vorhang hinten am Dach, von Punkt p nach q (vgl. Abb. 57) verhindert, daß die Spieler gesehen werden.

Abb. 57

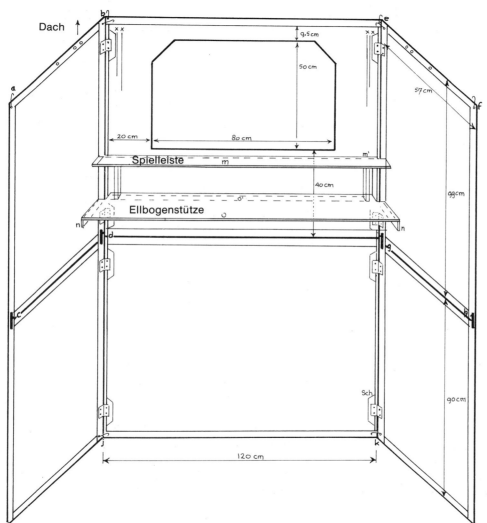

Abb. 58

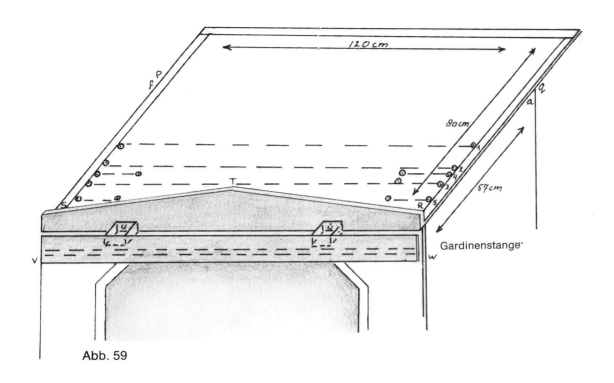

Abb. 59

8 Leisten 10 cm (sch, zur Verstärkung der Scharniere)
1 Spanplatte 116×6 cm (Spielbrett m)
1 Spanplatte 120×16 cm (Ellbogenstütze o)
eventuell ca. 3 m Leisten 6×1½ cm, um die Spielöffnung einzurahmen

Sonstiges
1 Gardinenstange 119 cm mit Halterung
8 Scharniere (Höhe 5 cm)
Schrauben 18 mm
4 Haken und 4 Ösen, um das Dach mit dem Untergestell fest zu verbinden

4 Haken und 4 Ösen, um die Seitenteile im rechten Winkel zur Vorderfront festzustellen
4 Riegel von 10×2½ cm, um die beiden Kästen zu verbinden

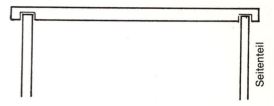

Abb. 60

Arbeitsanleitung:
1. Aus dem oberen Teil der Vorderseite b–d–e–g sägen wir die Spielöffnung.
2. Zunächst befestigen wir die Leisten auf den 7 Sperrholzplatten, erst mit Holzleim, dann mit Schrauben.
3. Auf Teil b–d–e–g 62 cm unter b–e Spielleiste m anbringen; 79 cm unter b–e Ellbogenstützbrett o anbringen.
Auf Teil e–f–g–h 79 cm unter e–f an der Seite e–g Stützleiste n anbringen.
Auf Teil a–b–c–d 79 cm unter a–b an der Seite b–d Stützleiste n anbringen. (Das sind die Stützleisten für die Ellbogenstütze o).
Wir bohren 2 Löcher in die Seitenteile (79 cm von oben und 14 cm von der Seite) und in die Seiten des Brettes o. Wir können nun das Brett fixieren, indem wir einen Stift von außen hineinschieben.
4. Auf Teil b–d–e–g Scharnierverstärker (sch) mit Holzleim anbringen.
5. An den Seitenteilen e–f–g–h und a–b–c–d die Riegel an den Punkten h, g, c und d befestigen, damit beide Seitenwände zusammenpassen. Wenn die Griffe der Schieberiegel zu weit vorstehen, so daß der Kasten beim Wegräumen nicht ganz flach zusammenschließt, dann müssen wir an den gegenüberliegenden Leisten etwas Holz wegnehmen.
6. Häkchen an den Punkten j, k, b, e anschrauben, die Ösen später, wenn die Scharniere befestigt sind.
7. Auf Teil b–d–e–g befestigen wir die Gardinenstange möglichst hoch oben an der Vorderseite (Abb. 59).
8. An der Vorderfront kann man auch eine Umrahmung der Spielöffnung anbringen. Notwendig ist es nicht.
9. Scharniere anschrauben.
10. Nun klemmen wir Brett o fest auf die Stützleisten bzw. fixieren es mit einem Stift (Ecken vorher aussägen).
Das Brett m wird ebenfalls mit einem Stift fixiert (dazu müssen vorher wieder Löcher gebohrt

werden). Oder aber es wird mit Stützen auf dem Brett o befestigt (vgl. Abb. 58). Vorher Ecken aussägen.
11. Dachgiebel R–S–T aussägen. Dann befestigen wir die zwei Klötzchen u an der Unterseite, 24 cm von den Punkten S und R entfernt.
12. Jetzt Blende V–W auf die Klötzchen leimen. Der Abstand zwischen V–W und R–S–T ist nun 6 cm (vgl. Abb. 59).
13. Das Dach auf den Kasten legen und die Ösen so anschrauben, daß die Haken hineinpassen, wenn die Seitenflügel im rechten Winkel zur Vorderfront stehen.
14. In die Leisten a–b und e–f schrauben wir kleine Ösen, 30, 20 und 15 cm von der Vorderseite entfernt, um die Kulissen aufzuhängen.
15. An der Unterseite des Daches befestigen wir 2×4 Ösen, um die Seitenkulisse aufzuhängen, 10 und 20 cm von der Frontseite entfernt.

Das oben beschriebene Puppentheater könnte in einer kleinen Wohnung noch zuviel Platz beanspruchen. In diesem Fall kann ein geschickter Bastler auch einen zerlegbaren Kasten bauen, indem er die Leisten mit Flügelschrauben zusammensetzt. Statt einer festen Umkleidung mit Sperrholz bekommt das Lattengerüst eine Umhüllung aus Stoff, die mit Haken und Ösen bzw. Bändern oder Schleifen um den Rahmen gespannt wird. Die Kulissen hängen wir dann an Leisten, die auf dem oberen Rand (unter dem Dach) ruhen (Abb. 60).

Wenn wir schließlich einen Kasten bauen wollen, in welchem die Kinder selbst spielen können, dann müssen freilich die Maße entsprechend geändert werden. Die Kinder spielen oft sitzend auf dem Boden. Der Kasten sollte dann möglichst einfach gebaut werden.

Hintergrund und Kulissen

Material
4 Streifen weiße oder farbige Pappe 11×68 cm (Seitenkulissen 4 und 5, Abb. 59)
1 Streifen weiße oder farbige Pappe 118×6 cm (Deckenkulisse 3, Abb. 59)
Halbdurchscheinende Hintergründe, z. B. aus Baumwollbatist 118×68 cm (1 und 2, Abb. 59) oder Nessel
Gardinenspanner mit Haken oder Leisten, um die Hintergründe aufzuhängen
Wir können den Hintergrund sehr gut selber mit Wasserfarbe malen oder aus verschiedenfarbigen Stoffen zusammennähen. Man kann auch

farbige, halbdurchsichtige Stoffe kaufen. Der Vorteil eines durchsichtigen Hintergrundes ist, daß, wenn das Licht vor der Spielöffnung brennt, der Spieler gut sehen kann, was er tut, aber selber unsichtbar ist (vorausgesetzt, es ist hinter ihm dunkel).

Wenn wir mit einem undurchsichtigen Hintergrund spielen, müssen wir sitzen und in die Höhe spielen. Wenn wir einen richtig steifen Hintergrund brauchen, müssen wir die Baumwolle entsprechend präparieren.

Wir ziehen die Hintergründe und die Deckenkulisse auf einen Gardinenspanner und hängen sie mit Haken zwischen die Ösen am Kasten.

Selbstverständlich können wir auch einen Hintergrund wie ein Gemälde auf einen Rahmen spannen.

Diese Kulissen lassen sich leicht wechseln. Es gibt auch Puppenspieler, die ihre Kulissen als Rollvorhänge aufhängen. An die Seitenkulissen (Souffitten) nähen wir oben zwei Häkchen, die dann in die Ösen am Dach gehängt werden (4 und 5, Abb. 59).

Die Puppen können von der Seite zwischen den Kulissen auftreten und gehen von dort ab. Vor die hinterste Kulisse (30 cm von der Vorderseite, Abb. 59) können wir noch einen zweiten Hintergrund hängen, etwa einen Wald, ein Haus, ein Schloßtor: dann können die Puppen von hinten nach vorne laufen, durch ein Fenster schauen, durch eine Tür hereinkommen. Dekorationsflanell (im Dekorationsgeschäft erhältlich) ist nicht teuer und hat schöne Farben. Auf Brett m können wir alles mögliche abstellen: eine Torte, einen Blumenstrauß. Kasperle kann darauf schlafen, mit kleinen Klammern oder Schraubzwingen können wir auch Requisiten befestigen: einen Brunnen, einen Baum, die Schnecke usw.

Links und rechts an die Seitenwände des Kastens schrauben wir Haken, an denen wir die Puppen kopfüber aufhängen können.

Die Beleuchtung

Material
2 kleine Kastenkuchenbackformen
2 Fassungen und 2 Glühbirnen 40 Watt
2 Elektrokabel
1 Tischsteckdose 4fach (oder Steckdosenleiste)

1. Wir bohren in die Ecken ein Loch (Abb. 62).
2. Von oben führen wir einen Draht durch zwei Öffnungen und biegen ihn zum Aufhänger.
3. Die Fassung schrauben wir auf den Boden der Backform, ziehen das Kabel durch das Loch in der unteren Ecke.

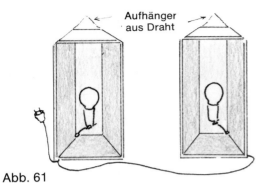

Abb. 61

Die eine Fassung verbinden wir mit der anderen. So haben wir zwei Beleuchtungskörper, die wir vorne im Kasten an den Seiten aufhängen können. Über die Tischsteckdose können wir einen Helligkeitsregler anschließen.
Von vorne können wir die Bühne mit zwei Punktstrahlern bzw. Scheinwerfern beleuchten.

Vorhänge

Material
2×100×85 cm Vorhangstoff, am besten dünner Samt
14 Vorhangringe
4 Kordeln von 120 cm (2×a, 2×b)

1. Rechts und links in der Ecke unter der Gardinenstange bohren wir zwei Löcher (1, 2 und 3, 4; Abb. 62).
2. Die Ringe an die Vorhangfalten nähen.
3. Den Vorhang an die Stange hängen, den letzten Ring fixieren.
4. Die Kordeln a an die Ringe 5 und 6 knoten und sie nach Loch 2 und 3 ziehen; die Kordel hineinfädeln (Vorhang zuziehen).

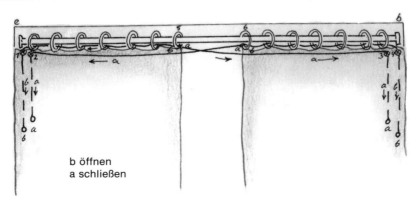

b öffnen
a schließen

Abb. 62

Beide Kordeln b an den Ringen 5 und 6 befestigen und durch die Ringe an der Stange zurückfädeln bis zu Loch 1 und 4. Dann nach innen fädeln (Vorhang aufziehen). Die Enden der Kordeln beschweren, sonst hängen sie schlaff vor der Spielöffnung. So können wir von innen heraus mit den Kordeln a und b die Vorhänge draußen öffnen und schließen.

Arbeitsmaterial aus den Waldorfkindergärten

1 Spielzeug – von Eltern selbstgemacht
Von **Freya Jaffke**
12. Auflage, 58 Seiten mit zahlreichen Zeichnungen, kartoniert

2 Getreidegerichte – einfach und schmackhaft
Von **Freya Jaffke**. 8. Auflage, 52 Seiten, kartoniert

3 Färben mit Pflanzen
Textilien selbst gefärbt. Historisches und Rezepte für heute, dargestellt und illustriert von **Renate Jörke**
3. Auflage, 72 Seiten, kartoniert

4 Singspiele und Reigen
für altersgemischte Gruppen. Aus dem Waldorfkindergarten Hamburg zusammengestellt von **Suse König**
3. Auflage, 56 Seiten, kartoniert

5 Kleine Märchen und Geschichten
zum Erzählen und für Puppenspiele. 4. Auflage, 55 Seiten

6 Rhythmen und Reime
Gesammelt bei der Vereinigung der Waldorfkindergärten Stuttgart. 3. Auflage, 64 Seiten, kartoniert

7 Puppenspiel
Anleitungen für die Einrichtungen verschiedener Spielmöglichkeiten und die Herstellung einfacher Figuren
Von **Freya Jaffke**. 73 Seiten, kartoniert

VERLAG FREIES GEISTESLEBEN STUTTGART

Werkbücher für Kinder, Eltern und Erzieher

1 Wir spielen Schattentheater

Anregungen für eine einfache Bühne, kleine Szenen und zwei Märchenspiele. Illustriert und zusammengestellt von **Erika Zimmermann**.
2. Auflage, 62 Seiten, kartoniert

«Das Hell-Dunkel und die eigentümliche ‹Verfremdung› der Figuren fasziniert jung und alt und regt Kinder zu phantasievoller, kreativer Tätigkeit an; unser Schattentheater kann mit sehr einfachen Mitteln von Kindern selbst gebaut und gespielt werden.»
Elmshorner Nachrichten

2 Advent

Praktische Anregungen für die Zeit vor Weihnachten. Zusammengestellt von **Freya Jaffke**. Mit Zeichnungen von Christiane Lesch und farbigen Abbildungen. 2. Auflage, 60 Seiten, kartoniert

«Genaue, gut verständliche Erklärungen und ansprechende Beispiele, denen Quellen des Mittelalters und volkstümliche Spiele zugrunde liegen, machen das Heftchen breit einsetzbar. Bei vielen Vorschlägen können schon Kinder der unteren Schulklassen mithelfen.»
Der Evangelische Buchberater

3 Bilderbücher mit beweglichen Figuren

Anregungen und Anleitung zum Selbermachen von **Brunhild Müller**. 60 Seiten, kartoniert

«Selbstgemalte Bilder mit Hintergrund und einem oder zwei darübergelegten Vordergründen, zwischen die die im Bild agierenden Gestalten eingeschoben und am unteren Bildrand an Führungsstäben bewegt werden können. So wird es möglich, daß die Kinder ihre Spiel- und reale Umwelt selbst gestaltend zum Leben erwekken.»
Landesjugendamt Rheinland-Pfalz

VERLAG FREIES GEISTESLEBEN STUTTGART

Karin Neuschütz
Das Puppenbuch
Wie man Puppen selber macht und was sie für Kinder bedeuten. Aus dem Schwedischen von Claudia Barenthin.
180 Seiten mit zahlreichen Abbildungen, kartoniert

Aus dem Inhalt: Entwicklung und Spielbedürfnis des Kindes · Spielsachen für die verschiedenen Lebensalter · Wie man Stoffpuppen aller Art herstellt · Puppenkleider und Frisuren · Elternkurs.

Plan und Praxis des Waldorfkindergartens
Hrsg. von Helmut von Kügelgen. 7. überarbeitete und erweiterte Auflage (27.–37. Tsd.). 116 Seiten, kartoniert

Aus dem Inhalt: Vorschulerziehung aus den Anforderungen des Kindes · Vom Spielen und Freuen · Erleben des Tag- und Jahreslaufs · Willensbildung und das künstlerische Element · Märchen · Wie Eltern die Lernfähigkeit ihrer Kinder vorbereiten · Gedanken eines Arztes · Winke zur Selbsterziehung · Aufgaben der Waldorfkindergärtnerin, Aus- und Fortbildung.

Mit Kindern leben
Zur Praxis der körperlichen und seelischen Gesundheitspflege.
2. Auflage, 280 Seiten, kartoniert (Sozialhygienische Schriftenreihe, Band 8).

Aus dem Inhalt: Die Ehrfurcht vor der Menschwerdung · Ernährungsfragen · Kinderkrankheiten als Entwicklungshilfe · Phantasie als menschliche Schöpferkraft · Die Gefahren von Fernsehen, Comics und Pop-Musik.

VERLAG FREIES GEISTESLEBEN STUTTGART

Iwan Kuhsohn

Ein Märchen nach Afanasjew, mit Bildern von Christiane Lesch.
Großes Querformat, 30 Seiten, vierfarbig, gebunden

Dieses Märchen aus der Sammlung Afanasjew, des russischen Grimm, erfreut durch eine reiche Handlung (zum Selbstlesen), in der mehrere Motive zusammengefaßt sind: der «Jüngste», der sich vor den älteren Brüdern durch List und Stärke auszeichnet; der dreifache Kampf mit dem Drachen; der Gang in die Unterwelt, in der magische Kräfte wirksam sind; die treuen Gefährten, die die unmöglichsten Aufgaben lösen. Diese klassischen Märchenmotive sind erzählt mit den so liebenswürdigen russischen Details: die drehbare Hütte der Babajaga, der schlafende Teufel, dessen Augenlider von zwölf Männern mit der Mistgabel gehoben werden müssen, oder selbst die Idee, daß der «Sohn der Kuh» mit unerschöpflichen Lebenskräften begabt ist.
Die Illustrationen von Christiane Lesch verzichten auf Anekdotisches und konzentrieren sich auf die urbildlichen Motive in großen, deutlichen Bildern, die sich einprägen.

VERLAG FREIES GEISTESLEBEN STUTTGART